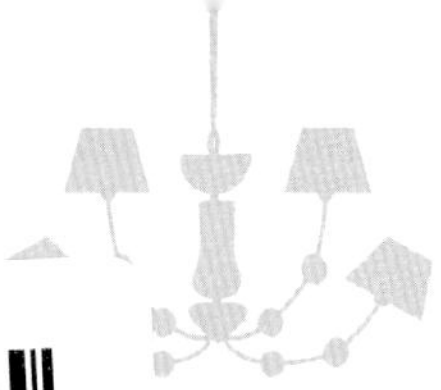

盧俊義——著

預約50+好日子

25堂心靈必修課，找回五十後的自在。

謹以此書紀念好友謝叔民長老，
感謝他鼓勵我，
將聖經一卷卷、一節節地講，並將之出書，
且全力支持我帶領查經班。

Content

Part.2

心靈的養生，比補品更重要

Content

專文推薦

啟程航向豐盛美好的退休人生

李慧穎

年屆五十，從剛入行時的青澀到這些年的熟練，在職場上打滾至今也二十多年了。眼力大不如前，不再能熬夜趕工，腰酸背痛如影隨形，比自己年輕的同事愈來愈多……回首來時路，大半人生終日勞碌，究竟留下什麼，又為何而戰？不時教人惆悵迷惘。加上眼下世局紛亂難測，誰知道明天又是什麼光景。

就這樣，自願退休也好，被退休也罷，「退休」這個新詞，還有那些或傳奇或悲慘的退休故事，愈來愈頻繁地出現在腦海及同齡朋友的茶餘飯後，讓我們每每在不安的心情中盤算退休的種種。

只是，無論怎麼盤算，終究發現，在擔憂退休後財務、健康、人際關係的背後，或許，我們真正需要面對的，是人生季節更迭而時光流逝不復返的現實；我們真正憂慮的，是我們是否錯失人生中重要的事；而我們真正尋求的，是脫下工作頭銜後真實的自我以及在未知中安頓身心的安全感。

我有幸在大學時期就認識盧牧師，那時的我沒有想到十多年後結婚及堅信禮，都將在牧師主理的禮拜中完成生命之約。無論是在聖經神學研究班、教會公報，或是台北東門教會，我親眼得見盧牧師在他的崗位上全心投入，燃燒自己，為像我這樣不時脫隊迷路的小羊諄諄傳講上主的信息，如同人生旅途的嚮導。

盧牧師自牧會工作退休後，仍繼續投入兒童繪本、和信醫院宗教師、台東醫療事工、《創世記的故事》、《邁向十字架之路》及《這些人，這些事》的電視製播，並持續筆耕不輟。這位頂著一頭招牌白髮，眼神依舊如鷹眼般銳利、笑容依舊熱情真摯的歐吉桑，拼勁十足地創造多項「退而不休」的驚奇，令人又欣羨又感佩。

這次的新書，盧牧師彷彿又以先遣探路的嚮導之姿，為我們舉辦一場退休人生的行前說明會。他鼓勵我們過「退而不休」的人生，繼續學習並發展各人的才華。他提倡「心靈養生」，勉勵我們對苦難的生命抱有憐憫之心，「用最大的愛去做最小的善事」，累積「愛的帳單」，「理天上的財」。盧牧師提醒，生命的最終都歸於愛，而安然面對生命終結的力量奠基於「知足」與「分享」，我們都應該把握有限的人生，不要含恨或抱憾而終。

盧牧師在書中分享許多真實的故事，也創意又務實地提供許多實踐信仰、豐富退休生活的點子，往往都是簡單可行，卻又充滿生命力！譬如，他鼓勵我們回憶並整理人生，寫下給孩子與自己的信；那則母親在住院期間寫下「孩子的吻」的心情日記，多麼動人！又譬如，他認為與其在乎身後告別式是否盛大，不如安排將告別式的花兒分享到鄰近墓前，實踐「到死都還在分享」的生命功課。

每篇文章後附的問題討論，可供個人進一步深思探索，也很適合家人、朋友、教會團契、讀書小組在共讀後分享。

闔上書稿，不知不覺又在盧牧師的導航下，從信仰的觀點重新調校對於退休生活的認知與聚焦。面臨退休，可以不再充滿接近人生終點的焦慮與無奈，而是一個自世俗羈絆中解放出來，回歸簡單純淨、重新活出豐盛人生的好機會。

有了盧牧師導覽的這本行前說明，相信我們都會充滿靈感、想像力，以期待的心情迎向屬於自己獨特的退休旅程。祝福閱讀本書的同行夥伴們！

（本文作者為執業律師）

專文推薦

不能使生命多一些日子，卻能使日子多一點生命

吳秀英

盧牧師在本書中提到的一些故事，再再勾起了我的回憶。

例如在第十六章中，他說到自己在武陵外役監獄與角頭老大的對話，讓我想起四十年前的一幕畫面。那一幕是我與外子俊良第一次到台東拜訪盧牧師，夜宿關山教會，盧牧師並未帶我們遊山玩水，反而是騎著摩托車前往武陵外役監獄。經過溪底砂礫路段時，不僅顛簸難行，且水濺衣褲。到了監獄，有如學校，幾百個光頭受刑人蜂擁而上、問東問西，直到上課鐘聲響起才安靜就位，聆聽牧師教誨。到了那時，我才放下忐忑不安的心，環顧眾人，想想每個人及他們背後家庭有多少悲歡故事，牧師帶給獄友也帶給讀者的心靈震撼，至今歷歷在目！

他在第一章中所推崇的六十一歲的陳雲址醫師，也是外子年輕時所服務的單位

「基督教勵友中心」的副董事長，正是我們敬佩的長輩。他在退休後，出乎大家意料地，委身到被稱為「瞎子村」的恆春，帶給老年人光明，成了第一位定居「台灣尾」的眼科醫生，如今也過了二十五年，真正是豐盛第三人生的典範！

陳醫師受到馬偕牧師「寧願燒盡，不願銹壞」的感召，這也是我移居淡水（馬偕醫師最後的住家）十八年來不敢或忘的的感動。從高職教師退休後，我把「教室」從學校搬到戶外，「學生」從過去的高中少女變為遊客，導覽淡水豐富的古蹟園區以及馬偕牧師在北台灣宣教的珍貴足跡，期望現代人在滬尾偕醫館與馬偕之路上也可與馬偕相遇。

所謂「人生如戲，戲如人生」。我喜歡看電影，更愛說電影。從小爸媽帶著我看日本電影與相關雜誌，耳濡目染下，成了電影、戲劇迷。當年執教鞭的歲月中，也曾經為了讓學生專心聽課，要求學生先學會課本內容後，才講故事。這招很管用，每每上課前，學生會到辦公室幫忙拎包包，催促我走快一點，迫不及待想聽到上週的故事結局。爾後，畢業學生遇到我，早已忘記我教什麼科目，只記得我講過的故事。

退休後，我的教學禾場擴及到老人的圈子。老年人看電影時，燈光一暗，老人家看著看著就睡著了，原來外國片速度快，老人家跟不上節奏，不如我來講給他們們聽。於是我開始蒐集資料，研究導演拍片的初衷、看影評、貼劇照、上字幕作簡報等，下足了苦工。每一部片，我會找自己感動的地方著墨，兒子問我退休了還做簡報幹嘛？殊不知我在預備電影賞析課的教材。

近年來，我曾經在松年大學講述《聯合王國》電影，訴說英國女孩嫁到非洲部落的故事。當部落王子被英國政府拘留、不能回家鄉時，對應長輩生活的年代，先生多半從事遠地工作，望你早歸的心情油然而生；當播放《望你早歸》一曲時引起共鳴，大夥兒唱將起來，一把鼻涕一把眼淚，紛紛說著自己的故事，欲罷不能。又記得大家避諱去談的失智問題，我也選了一部失智照顧電影《被遺忘的幸福》，帶領長輩思考生命最後的一哩路，是不是會希望在家人的陪伴下安寧老去。每當長輩們跟著電影情節思考時，觀念就會跟著改變了。

過去在退休前，我也曾在寶島新聲電台製作親子教育的節目；如今，我在「伊甸視障發展中心」開了一個「樂滿伊甸園」的「聽電影說故事」線上廣播節目，為各地的華人視障朋友說電影。有遠自西藏、蒙古、西安上線的聽眾，他們可能一輩子都沒有機會進到電影院聽口述電影，如今可以透過網路，藉由口說劇情帶來生活情趣或心靈療癒。電影的迷人之處，在於「檢視自己的生命，也踏入別人的生命」，更何況，許多經典世界名著都有改編成電影，多麼經濟實惠啊！

人生七十古來稀，投入當下，更享受當下。有句話說：「我們可做自己喜歡的事，來創造自己新的身分。」正好回應牧師第六章的內容。

牧師北上牧會且開查經班，多年來讓我成為查經班的學員，聽著牧師的聖經教導，跟著牧師的行動，得知偏鄉癌友遙迢醫療路，遂將退休金購得淡水的兩間套房，供伊甸基金會「愛心棧」使用，作為癌友北上就醫的臨時住所。

記得那年的暑假，一位自立自強的婦癌媽媽獨自北上做放射線治療，雖已是第四次住進愛心棧，卻不同於過往的化療，只要兩三天療程即可回家；此次整個夏天的療程，每天往返於醫院與愛心棧之間，病痛之餘想家又自憐，孤寂思鄉地抗癌。七夕情人節前夕，她收拾行李想放棄治療返家，我們適時的探望問候，激勵這位媽媽走完一次又一次的療程。如今已超過五年，回診大檢時，她仍快樂地住進愛心棧，還成為隔房新病友的小天使，給予安慰與鼓勵。

聖經〈希伯來書〉十三章一至二節說：「你們務要常存弟兄相愛的心，不可忘記用愛心接待客旅；因為曾有接待客旅的，不知不覺就接待了天使。」〈詩篇〉又說：「求你指教我們怎樣數算自己的日子，好叫我們得著智慧的心。」讓我們從盧牧師書中所學，用心生活，活出愛，或可證明熟年依然可以精彩，也依然可以如人所言：「我們雖然不能使生命多一些日子，卻可以使日子多一點生命。」

（本文作者為金甌女中退休老師）

專文推薦

留下生命美好的印記

林逸民

當我接到盧牧師的訊息，要我為他的新書寫序時，心裡非常惶恐，馬上回LINE告訴盧牧師說我的能力不足。在盧牧師堅定鼓勵下，我只好恭敬不如從命，勉力而為。

其實，我是盧牧師的粉絲，他也是我景仰的好牧者。他所出版的聖經細讀系列、聖經信息系列、聖經導讀、牧會筆記……幾乎每一本書我都讀過。他的書寫得很平實，讓人很容易明白聖經經文的意義。

《預約50⁺好日子》收集二十五篇文章，每一篇都以聖經經文為引子。其中引用〈約伯記〉一篇、〈詩篇〉三篇、〈箴言〉七篇、〈傳道書〉四篇，引用舊約經文共計十五篇；新約部分引用〈馬太福音〉有三篇、〈約翰福音〉一篇、〈哥林多前書〉一篇、〈提摩太前書〉一篇、〈提摩太後書〉一篇、〈約翰一書〉二篇、〈啟示錄〉一篇，共計十篇。這些經文對基督徒而言都非常熟悉，對聖經不熟悉的讀者，直接閱讀文中精彩的故事，也能得到許多啟示。

盧牧師希望我分享生命中的起伏轉折，當年為何會放棄在美國的一切，毅然返台的心路歷程。四十六歲那年，我思索生命的意義，想到母親在四十八歲因心臟病去世。我在美國生活近二十年，身為一個台灣囝仔，我努力學習也獲得一些成就。我從醫學院畢業，接受良好的醫學專業訓練而後參與醫學研究教育工作以及自行開業行醫，也熱心參與聖路易台灣基督長老教會以及台灣同鄉會許多活動。

可是，當我想到如果我和母親一樣，四十八歲就離開人世，要如何回報我的家鄉？回台灣服務的念頭開始萌芽。不久，我的岳父——陳五福醫師——身體出了狀況，便問我：是否願意回來接手他創辦的「五福眼科」？我與太太商量之後便決定回台灣。剛回到羅東時，「五福眼科」有其他醫師協助看診，因此，我先受邀前往台大醫學院、台北醫學院及中國醫藥學院參與教學，也開始學習台灣醫師看診的方式，兩年後才正式接手「五福眼科」。

當時台灣尚未實施全民健保，我投入看診工作後，發現民眾的醫學常識需要加強，因此利用週六、日下午安排到宜蘭縣市社區舉辦義診，整個宜蘭縣市走透透。也和宜蘭縣市的國民小學合作，教導學童們預防近視的衛教，與宜蘭地區其他有志的各科醫師，每隔幾個禮拜就到宜蘭與花蓮中間的澳花部落義診。

這樣的服務持續一段時間，直到黃勝雄醫師回台灣擔任門諾醫院院長，才由門諾醫院接手義診。後來又有慈濟醫院表示願意接下澳花部落義診工作。義診事工得到許多回響，對我而言意義非常重大。就如同盧牧師在書中所說，不論我們何時退休，只要努力投入工作就會有成果。就如同我是醫生，就全心投入醫療及衛生教育工作，每一個人在不同的職場也可以有不同的選擇、分擔和奉獻。

盧牧師在書中提到擔任義工也是很好的選擇，因為許多地方都需要有義工，願意全心投入服務的行列，對社會就是很大的貢獻。因為在造物者眼中，每一個人都一樣重要，只是各人才能與專長不同，只要我們盡力、盡本分去做，必定可以為人生帶來喜悅與滿足。

書中談到許多人拜託牧師祈禱讓病得醫治，其實，祈禱是與上帝對話，可以將上帝當作我們的父親，什麼事都可以跟上帝說，而不是等到有事情或生病才要找上帝。盧牧師也提到，人不要含恨終生、不要抱憾終生，想做的事應該勇敢去做，不要等到沒有機會才悔不當初。與人有誤解或過節，卻因面子問題遲遲無法和好，等到生命將盡，才充滿悔恨，這是非常遺憾的事。

盧牧師認為，人最好有信仰，因為信仰產生信心，有信心才有自信，有自信的人心裡就平安，因此信仰是人生中很重要的功課，要用一輩子來學習。盧牧師強調，生命最重要的不是追求個人的偉大，而是活著的日子要懂得伸手幫助困苦的人，讓生命留下美好的印記。上帝愛世人，我們要去愛那些最卑微、最貧苦、最軟弱的人。

人為何而生或許不容易了解，但誰都知道，人一定會死亡。人生的價值不在於壽命的長短，有些人壽命長，但對社會毫無貢獻，有人壽命短卻對世界有偉大的貢獻。盧牧師書中的第三部分就是討論人生最後的課題，他提醒讀者去思考，離開世界時要留下什麼才有意義？盧牧師不是要我們做大事、賺大錢、追求名利與地位，因為在上帝眼中，人都是有限的，只要盡力去做就好。

最後，我用舊約聖經〈傳道書〉九章十節所記載的「你無論做甚麼事，要努力做」與大家共勉之，這段經文告訴我們人生意義的觀念，能夠工作是生命的表徵，工作不分貴賤高低，不論做什麼，只要全力以赴，生命就有意義。

（本文作者為五福眼科院長、羅東長老教會退休長老）

專文推薦

可以「退」，卻不能「休」

姚孟昌

若把每個人的一生比喻成一本書，你會發現每本書的結局都是一樣。無論書寫者用的是「駕鶴西歸」、「駕返瑤池」、「神超淨域」或是「安息主懷」作為結語，總之，讀者都知道這人就是「死了」。至於書中文字是華美瑰麗，還是平實雋永；內容是曲折離奇、驚心動魄，還是如陽春白雪、清風細雨；全書是讓讀者回味無窮，還是枯燥無聊；這就得看每本書作者的功力了。

《預約50⁺好日子》是盧俊義牧師在「智慧書」系列中的第三本書。盧牧師以牧者心腸對年屆知命的讀者發問：「前半生所積累的生命經驗、生活資財、社會歷練與人際關係，能否成為後半生幸福的依靠？」對於衣食無缺卻期待有豐盛生活者、身體無恙但求健康心靈者、大限將屆還不知如何說再見者，本書提供許多富含智慧的建議。更重要的是本書鼓勵讀者儘早預備自己，當生命終了那一刻來到時，無論回顧今生或面對來世，都能求得平靜安心。

盧牧師寫書的態度是開放的。他與讀者積極對話，期待讀者不是被動領受、全盤照收，而是經由批評性反思之後，依照自己身處環境與個人條件，依照感動切實去行。且能在行動中累積經驗，不斷修正。因為行動就是學習，學習亦是行動。

閱讀這書時，我們必須提醒自己，再偉大的生命典範不過是回應真理之聲的迴音、是反映生命之光的返照、是同行天路的匆匆過客罷了。人應當追隨的是耶穌基督，因為生命本於祂、成於祂、也歸於祂。

這書提到幾個重點，包括如何看待退休人生、如何繼續學習、如何幫助年輕一代、人生如何不留遺憾等。我想給閱讀本書的讀者幾點個人建議。

首先，人真的可以有退休生活？我祖母工作到七十多歲，她將自己的店收起來後，還曾到住家附近的服裝店應徵店員。在外頭找不到工作，就做家裡的工作。她像聖經〈箴言〉中那位賢德的婦人，親手做工、賺取應得的，也慷慨地將金錢用在旅遊、學習與分享。離世前半年，祖母最抱怨的是不能工作、還須麻煩別人。我媽媽工作到六十多歲，如今八十歲還為持家而忙碌不已。她們說年紀大了就應該退，讓年輕人有發揮的空間。退了的人卻不能停歇，因為能繼續工作就是最大的福氣。

我到台北後看到許多五十多歲就已退休的公教人員，他們擁有足可養生的退休俸，生命卻失去重心。我也看到許多年輕人志在先拼搏二十年，四十五歲前賺得足夠金錢後退休去享受人生。我認為「退休」最大意義在於讓人解除工作的咒詛，得以回復勞動的真義，就是在創世之初上帝對亞當與夏娃的囑咐與祝福。當人已經不需為溫飽或旁人評價而工作時，對於工作果效與成就感也應有新的詮釋。否則做再多的義工、擔任再多的職務、具備更多的技能，終將枉然。年長者千萬不要有跟人競逐鋒頭、刷存在感的行為，職位應該退讓，工作內容轉為協助、伴隨與提供經驗。

其次，「學習」要求教導者與學習者皆需具備「謙卑面對真理、嚴謹看待自己」的態度。「年長」不是用來降低學習標準或自我懈怠的理由，但年長者可以為「學習」設定不同於年輕人的目標。

筆者建議身在都會地區經濟無虞的讀者，可以上圖書館或博物館進行自學。過去圖書館可能是用來K自己書的地方，博物館則是觀光遊覽、買紀念品、喝咖啡聊是非的地方。如今圖書館與博物館的館藏應該成為自己學習的教材，館內的諮詢人員應該是自己請益的對象。每年訂主題，至少讀十二本書；每年至少參加博物館特展四次；找有心的朋友一起組讀書分享會，每月固定聚會一次，互為導讀、彼此分享。持續一年後，就可以找到自己有興趣的課題、也能養成持續學習的習慣。繼而學習外語、或到大學選讀課程才有動力。

第三，盧牧師提到應積財寶在天上，留下榜樣給後人。只是奉勸長輩們千萬別留下麻煩給晚輩，更別讓自己的成見、偏頗、無知，成為年輕一代的絆腳石。長輩與長輩間的誤會或人際衝突，經常成為後人之間的高牆。所謂「累代世仇」，起因經常是長輩間小小口角。五十歲人的老練在於看清世情，知道要與人和睦。有虧欠人的當竭力彌補、有得罪人的要請求饒恕。這些都要讓晚輩知道、看到。另外財產分給晚輩時要秉公心，要交代清楚。更須提醒晚輩這是長輩的心意，要存感恩的心領受。千萬不能讓自己的遺贈成為晚輩紛爭的根源。

第四，須知我們五十歲以上這一代，成長於戒嚴時期，學習歷程中充滿許多謊言。出社會後雖得益於台灣經濟起飛與民主化，卻常不自覺身上帶有許多威權基因。這基因反映在我們對於性別平權無感、對土地掠奪失覺、對階級剝削無知、對於弱勢正義失語。如今海內外已有許多年輕人奮起為公平正義、為民主人權、為人道尊嚴而抗爭，我們應當要向他們學習，成為他們的守護者與支持者。

最重要的是，五十歲之後的日子若能進一步打開心扉靠近弱勢者，成為他們的朋友，向他們學習，也許能讓自己忘卻五十歲之前的追求，得以看見更寬闊美麗的世界。

這本書的最後一頁究竟寫些什麼？原來死亡不是最後一頁，死亡之後另有新章。感謝上帝應許我們每一個人，若能認識主耶穌，相信祂、接受祂成為生命救主、得著祂的愛，那麼生命的最終，就能歸於基督、歸於愛。有愛的地方，就會遇到上帝，因為上帝就是愛（參考約翰一書 4:16）。

甚願讀完這書的人，都能得到上帝的恩典與祝福。

（本文作者為輔仁大學學士後法律學系專任助理教授）

專文推薦

豐豐富富的生命

陳南州

豐盛的生命應該是人人的期待；然而，不是每個人都有豐盛的生命。有些人在壯年，甚至是年輕的時候，就離開人世。這些人或許也有充實、精彩的人生，然而若非早逝，他們的生命就能更豐盛、美滿。有些人雖然健康長壽，生命並不一定豐盛。原因之一可能是沒有趁早規劃退休日子的生活。

「退休」其實可說是近代社會，因工作領薪水所衍生的一種制度。早期的退休通常是指人在某一機構工作一段時間後，因到達特定年齡，或力衰、生病，被視為未能或不適合繼續工作時，由其所服務的機構給予一定數額的退休金，使之從職場上退下的制度。由於社會變遷、退休制度的修訂，以及人們對工作和生活的觀點趨向多元等，現代人的退休呈現多樣性的面貌。

譬如說，有人從一職場退休後，又到另一職場從事一個「全時間」的工作。這人雖支領退休金，但其生活不能算是退休。另有些人則是在領到退休金、離開某一職場後，再從事某種「兼職」——以部分時間做原先或其他固定的工作。這種生活安排仍然是沒有完全退休。那麼，沒領薪水的工作人員，如家庭主婦，有沒有「退休」？從事沒有退休金制度之行業的人，如自耕農、攤販、小吃店的「老闆」等，不（能）再工作而離開崗位時，算不算退休？

所以，當我們談論退休一事時，其實是在探索人在中年之後該如何看待工作與生活，在邁入老年時如何了解生命，期盼可以讓自己晚年的生活既精彩又豐盛。

盧牧師在這本書中跟讀者分享他作為牧師，對工作與生活的觀點，特別是有關準備退休和過充實豐盛的退休生活的見解。我認識的盧牧師一直有他獨特的觀點，他在本書中所談論的生活態度很獨特，所介紹的一些人物的生命故事也很獨特，他們都擁有精彩的退休生活。無論是盧牧師本人，或是他所介紹的人物的生命故事，都呈現豐豐富富的生命，是感人、激勵人的生命故事，是值得我們進一步思索的生活態度。

我自己從神學院教職退休後，如願按著原初的規劃，到一個阿美族部落的基督教會從事牧會工作五年。這不算完全退休的生活，但這五年的牧會讓我更加體會到十六世紀宗教改革大師馬丁路德所說的「人若誠實工作，就是服事上帝」的真諦；跟部落族人的互動，也讓我自己覺得生命更加充實。

期間，我也每個月三天從花蓮到三峽作義工，參與現代台語聖經的翻譯工作。我在現代台語聖經翻譯工作坊看到一群退休的牧師、學者，在過去將近二十年間，他們每週三天從台南、嘉義、台中、淡水等地，去到三峽的工作室，從早到晚，用心認真地查考希伯來文、希臘文經典，翻譯聖經、審議譯文。

他們有人是退休後參與這服事，有人為參與這項服事而提早從教會牧會退休。當中最年長的，今年快九十歲了，大多數也有七、八十歲。這不是輕鬆的義務工作，他們也不會因為參與這項服事而出名（聖經譯本出版從不列出翻譯者的姓名），但是他們為傳揚上帝愛世人的福音，為教會的需求，為台灣語言的傳承，盡他們的心力。我從他們身上看到盧牧師這本書所推崇的價值觀和生活態度，讓自己的退休生活實踐一個無私崇高的理想。

即使有些人是因為各種因素而提早退休或被迫退休，人能夠工作到領取退休金，就是一種祝福。人能夠在中年之後更嚴肅地思考工作的意義，在晚年實現人生的願景，或為自己崇尚的信念來生活，更是無比的祝福。

耶穌說他來到世上的目的是要使人得生命，而且是豐豐富富的生命。我看盧牧師的生活，顯明了豐富的生命。我衷心期待本書的讀者，也因為追隨耶穌所演示愛上帝、愛人的生命腳蹤，而有豐豐富富的生命，使自己的人生能夠精彩到最後。

（本文作者為前玉山神學院副院長）

專文推薦

在平凡中有豐富的祝福

陳惠卿

生命中有許多好事情，總是發生在我們料想不到的時候，而且不只帶給我們驚喜，還帶來許多祝福，讓我們在平凡的生活中增添美麗的色彩。這次能有機會提早拜讀盧俊義牧師的新書《預約50⁺好日子》就是美好的其中之一。

盧牧師在二〇一三年退休之前，是擔任台北東門基督長老教會的主任牧師。他從一九九八年三月開始牧養東門教會，而我則是從二〇〇一年五月開始到東門教會擔任教會幹事，也可說是盧牧師的助理（以一般公司行號的理解，我算是他的部屬），實際參與許多他在教會中所推動的事工，特別是查經班、暑期兒童營（也曾辦過週末兒童營）及東門學苑。

那十三年的同工與近距離的互動，是我在信仰及生命中最重要也是成長最多的時期，甚至可以說，在東門教會工作的這一段時間，是我生命受到滋養與激發的階段。因為參與盧牧師推動的事工，讓我不但對聖經及信仰有更多的學習，也累積許多寶貴的工作經歷，最重要的是親眼見證盧牧師以身作則，帶領教會與會友實踐基督的愛，關心、幫助被忽略的弱勢族群——不論是被遺忘的個人，或是資源缺乏的機構。就如同他在書中所說：「好的生命價值觀，是要懂得將生命中最珍貴的愛分享給需要的人。」讓在他身邊工作的我也因此得福。

我所看見的盧牧師是一位勤奮的傳道人，他初到台北東門教會牧會時，就是我現在的年齡，回想他當時在教會努力推動各樣事工的情況，可說是「全年無休」，而我在兩年前還曾考慮要「退休」呢！真是非常汗顏。而他這一本書的內容，就像是他已經親自實踐他的理念並走過一遭，絕不是天馬行空的想像，對於面臨五十歲的讀者是很實際的建議，提醒每一個人在面對未來的生命時，應該訂下一個新的目標，並且可以過得更加充實、有意義，更加精采。

記得幾年前社群媒體開始盛行，人人手上都有了智慧型手機，不但與現有的朋友們成立許多群組，各個階段的同學也都有 LINE 群組，過去斷線很久的朋友也都因此重新連線。在大學同學的聚會中，知道有些同學是自己創業當老闆，也有人因身體健康因素已經離開職場，但大部分的人仍繼續奉獻智慧與體力在工作上，最特別的是其中有位同學表示他即將皈依佛門，雖然大家都很驚訝，但是聽他講述生命故事之後，沒有人勸阻他，而是一起祝福他，這樣開闊的態度顯示大家對生命的態度已經跨越一般世俗的價值。

這件事也啟發我重新審視自己的人生，雖然在職場上我並沒有獲得什麼響亮的名號，但在教會的工作中常常有學習成長的機會，特別是在負責東門學苑的事工中，參與各樣關於信仰、心靈、歷史、文化、藝術、生態與科學的課程，也認識許多喜愛學習的長輩，從他們身上獲益良多，雖然工作也有壓力，但我一直樂在其中，可說是在平凡中經歷到上帝豐富的賜福。我想會有這樣的體驗，主要來自盧牧師在信仰上與工作上的教導與以身作則。

盧牧師在這本書中，透過許多真實人物的故事，提醒我們生命有許多可能性，不要自我設限，學習付出，只要我們願意走出去奉獻自己的專長，一定有許多地方需要我們。就如同在第一部「豐盛生活正要開始」談到「退而不休」的人生，若是我們可以不要只為金錢打拼工作，而是用服務的態度與人分享生命，人生必定更加光彩、更加豐富。

書中第二部分的主題「心靈的養生，比補品更重要」則提醒我們要重視自己的心靈，建立正確堅定的信仰能使我們有健康的心靈，也更能知足，如同盧牧師說的：「會知足，就不會貪，反而是會知道分享，這才是生命最大的祝福。」我特別喜歡〈留給孩子的最棒禮物〉這一篇，他說：「父母的言傳身教，比任何貴重的禮物都更有價值，因為有形的禮物總有用完、壞掉的一天，精神的贈禮卻能夠終生受用無窮。」

第三部分談到「人生最重要的一門課」，是談論如何面對生命的終結。這個主題真的很重要，雖然大家都知道人有一天會死亡，卻很難真實去了解或思考，總是要到最親近的人離世或自己被醫生宣判時，才驚覺死亡如此接近，那時常常令人驚慌失措。四年前，我的父親因霸王級寒流來襲而在清晨驟逝，就帶給我極大的衝擊，有極長的一段時間都很懊悔自己沒有更常回娘家探望、陪伴父親，但也因此讓我這四年來，盡量多抽空回去陪伴母親，不要讓自己有另一次懊悔。

這本書在每一篇的最後，都設計了幾個很棒的問題，讓讀者可以自省或與人討論，其中有許多題目都是深度探索個人生命的好問題，看完每一篇文章，再透過問題討論來思考如何將信念與理想落實在真實的生活中。雖然盧牧師沒有提供我們「標準答案」，但是我相信，對於自己生命有所期待的讀者們，一定可以透過此書找到最適合自己、建構豐盛生命的下一步。

（本文作者為財團法人民報文化藝術基金會行政主任
前台北東門基督長老教會幹事）

作者序

退休後，每天都活得精彩又忙碌

一九九〇年，我曾發下一個誓願：我要將聖經新、舊約共六十六卷，一章章逐節都講完，並且將講道的「信息」逐字寫出來，出成書。

發了願之後，就開始朝著目標前進。經過十五年，也就是我六十歲生日時，我發現這樣的心願可能很難完成。果然，直到二〇一三年二月底退休時，我才講完三十二卷，出書三十五冊。

因此，我改變了想法，就是將帶領查經班的講義（一共六十六卷）全部寫完也出書，這樣的話，就可以用查經講義的「細讀」書來取代禮拜日講道的「信息」書。這項工作從二〇〇六年開始到現在，透過每個禮拜在台北東門長老教會開四個查經班所寫的「細讀」書系，逐漸取代了過去講道的「信息」書系。

雖然退休後就沒有固定在禮拜日受邀去講道，但每個禮拜我都繼續帶領查經班，講義就這樣一卷卷地寫下去。當時心裡有個打算，即使沒有查經班，我也可以用每天靈修讀經的方式來寫。何況每個禮拜有四個查經班，一次至少要準備三卷不同的經書、寫三份講義，這樣一來，即使退休後，我也可以持續寫下去。

後來，我每個禮拜帶領的查經班增加到六個，以每週五份講義的速度進行，到現在只剩下〈詩篇〉尚未查考完成，預定最慢在二〇二一年底可以完成，這樣就能完成我先前的想法——帶領信徒查考聖經六十六卷，並逐卷、逐章、逐節地釋義寫出來。目前已經寫完、出版的「細讀」書系共計有四十八卷、四十八冊。除了〈詩篇〉外，其它十七卷也已經查考完，正在準備出書中。

其實，我在二〇〇六年、也是我六十歲生日那年，也曾許下一個心願：希望退休後能開「聖經補習班」。我將這心願寫在教會週報上，許多人看了都感到相當好奇，因為在台灣，大家對「補習班」一點也不陌生，只是補習班大多是為了升學、留學、工作證照等需要，從沒有聽過有人要開「聖經補習班」，這可是很新鮮的事。

有個非常要好的朋友聽到我這樣說，隨即告訴我，希望我能在台北火車站前的南陽街找個樓層開辦，租金和設備的費用他來負責。我聽了非常興奮，覺得這是可行的一件事。但是當我退休之後，台北雙連教會請我去開查經班，且一開就是四個班；後來在台北和信醫院、台東基督教醫院也各開一班；今年八月開始又要在台北艋舺教會新開一個查經班，九月開始則是在台北濟南教會另開一班。因此，有人開心地對我說：這樣也算是開「聖經補習班」了。只是上補習班要繳交學費，我開的查經班全都是免費。所有費用都是教會和醫院提供的，這是最大的差別。

我不厭其煩地說明這件事，就是要讓大家知道，我退休後到現在所做的工作，就是退休前在進行的工作，也是我獻身當傳道者時許下的心願。就像我在這本書中所寫的，如果你退休後，可以將自己的專長延續下去，到需要你的地方去服務，特別是偏鄉、山區部落等（遺憾的是，東西向快速道路網的普及，並沒有使城鄉距離拉近），幫助有需要的弱勢族群，會使退休後的生活更加光彩，生命也更有意義。

可能因為我是基督教的傳道者，喜歡用「分享」這種觀念來看待生命。我認為，一個人願意將上蒼賞賜給他的才能分享給別人，這就是在回應、報答上蒼賞賜才能的愛。再者，這種「分享」應該是以「心甘情願」的心態為出發點，而不是因為有任何「對價」報酬才去做。我深信、也是我親身體驗到的，當一個人心甘情願地分享自己擁有的才能時，這樣的生命是會充滿喜樂的，而喜樂的心，才是人活在這世界上最重要的動力。

若是你自覺沒有什麼特別專長能夠分享，就像我在書中所說的，能力可以慢慢培養（而且培養出來就是你的），再不然，至少可以到一些慈善機構去當義工。只要你願意，每個人身上一定都有可分享、可幫助他人的事物。不要等到退休才開始想，而是在退休前至少五年就要開始準備，然後一步步地去實行、體驗出來。從身邊最簡單的事開始，只要你願意伸出你的手給需要幫助的人。

這本書的出版要特別謝謝總編彭之琬女士；她早在五年前就帶同工跟我談這本書的事，只是我忙著帶查經班，加上三年前接受民視電視台邀請，製作《台灣學堂：這些人，這些事》節目而拖延下來，實在有虧她的美意。但這段時間裡，她從沒有忘記提醒我這個稿約。我也要特別謝謝責任編輯李詠璇小姐，她真的是非常細心又認真地幫我整理所有的稿件，也和彭總編討論我寫的稿件內容，並提供非常好的修改建議，才使得這本書可以順利出版。

影響我投入許多時間將講道稿逐字寫出來，且在每個禮拜日寫下牧會心得的，是我在嘉義西門長老教會牧會時共事的謝叔民長老。我在一九八四年七月底去那裡牧會，從那時開始，他就鼓勵我寫，且希望我能將聖經一卷卷、一章章地講，然後出書。

至今我印象極為深刻的一幕，就是一九九四年二月，當我從印刷廠將出版的第一本《約翰福音的信息》拿去辦公室送給他時，他的第一句話是：「還熱熱的，這是頭胎生的孩子，要感謝上帝。」從此，我不曾間斷過這項目標，直到現在我都退休了，這依舊是每天主要的工作之一。

所謂「天生我才必有用」這句話，大家一定不會陌生。重要的是我們是否願意將自己的「才」歡喜地分享出來，就是如此簡單。

寫於台北寓所
二〇二〇年七月四日

★本書的聖經名詞（如章名、人名等）在全書正文首次出現時，以基督新教、天主教通用譯名對照的方式呈現，以便讀者閱讀。

Part 1

豐盛生活正要開始

01 「退而不休」的人生

你們是世界的光。建造在山上的城是無法遮蓋起來的。沒有人點亮了燈去放在斗底下，一定是放在燈臺上，好照亮全家的人。同樣，你們的光也該照在人面前，讓他們看見你們的好行為，來頌讚你們在天上的父親。

——馬太（瑪竇）福音5章14－16節

過去有將近二十年時間，我幾乎每年都會到北美地區巡迴演講。有好幾次，我遇到了幾位看起來還不算「老」，大約五十歲左右，卻沒有工作而閒散在家的人。比較特別的是這些人的學歷都不低，最少也是研究所畢業，有的還曾在著名的大公司工作過。

是什麼原因被裁員或失去工作，我沒有問。但這些人能在一九七〇年那個年代出國去北美讀研究所、還留在當地工作，都是過去在台灣大專聯考中名列前茅的菁英分子，何況其中還有好幾位是在相當出名的科技公司當過研究員的。

我問他們已經失業多久了，他們說半年，也有比較長的，大概是一年。我就問他們：「為什麼不考慮回台灣來呢？」他們有的面露苦笑而不答，有的講得很直白：「現在台灣並沒有大學要聘用我們。」我說：「你們也不一定要去大學教書啊，可以投履歷到偏鄉的中學，以你們的學、經歷，一定有很多學校想要聘用你們，錄取的機會很大。」然而，他們聽完就都不再接話了。

後來我才知道，他們當中有博士學位的那幾位，確實有投履歷給台灣的幾所大學，但都石沉大海，要不就是被學校退拒，他們在台灣學界的求職之路也就止步於此了。原來，大家都以為要進入大學教書，才是有「格」、有「榮譽感」，但我認為這種想法並不正確。原因是我看到很多宣教師從異國來到台灣，奉獻自己的才華，並沒有因為當時的台灣貧窮、遠遠落後於歐美國家，就覺得來這裡「沒有水準」，反而覺得這是他們的「使命」，是一種榮譽。

有好的宗教信仰，就能建立好的生命價值觀，而這種價值觀並不是用社會地位、財富、名聲等世俗認定的價值來衡量的。好的生命價值觀，是要懂得將生命中最珍貴的愛分享給需要的人。因為愛，才是生命的無價之寶，這種真摯的愛不是用數字能換算出來的。這也是為什麼我會鼓勵這些曾在北美任職的專家學者，若是在北美工作遇到困難，可以回來台灣，投入偏鄉教育的工作。

我的看法是：以他們的能力，絕對可以幫助許多台灣的國中學生在課業上獲得很好的指導。我也告訴其他幾位從職場退休的同鄉，他們已經有領北美政府給他們的退休俸，可以過很安穩的生活，他們選擇在北美釣魚、遊玩，以為自己是過所謂「舒適」的退休生活，但其實那並不是真正的「舒適」。

原因就是，他們過去工作忙碌，不會去注意同鄉會舉辦的活動有什麼問題，也不太在意家裡哪些地方不乾淨。現在因為退休了，大部分時間都待在家中，原本不在意的地方現在就變得在意了，連家裡的蒼蠅有幾隻都算得清清楚楚；而同鄉會開會的時候，他們有意見的地方也變多，結果就是爭吵也變多，這樣一來，又怎麼會有什麼「舒適」的生活？

其實，他們不願回台灣教書，很多時候是因為接收了不少對台灣並不是很正確的訊息，給他們帶來不好的印象，因此對台灣和在台灣發生的事有種鄙視的感覺，這些都是非常錯誤、也很可惜的事。他們若是願意回來，下鄉去奉獻自己的才能，就會漸漸發現故鄉的美好，特別是偏鄉，不論景色人文都是非常可愛的地方。

從一九九〇年開始，北美地區有基督徒組成了「鄉村福音工作隊」，這個組織最常舉辦的活動，就是鼓勵教會青年利用暑假回到台灣的鄉村去服務，最多的就是教英文，或是替教會設計暑假的課業輔導。也有一些從職場退休的基督徒，回到台灣去偏鄉服務，時間比較長，大概一到兩年，甚至更長的也有。

很可惜的是，因為這些人是暫時回來服務，並不是想要在台灣定居下來，因此心態上難免有一種「過客」的心境，而更嚴重的，是有些人心中暗暗存有「自己高尚、對方低微」的心思，抱持著這種態度，往往會使原先到偏鄉服務的初衷有所偏差或變質。

寧願燒盡，不願銹壞

恆春基督教醫院有一位很出名的眼科醫生，名叫陳雲址。他在一九三四年出生於高雄，從國防醫學院畢業後，曾執業一段時間。之後，他在一九七四年負笈日本，在東京醫科大學專攻眼科，然後又到美國的夏威夷大學去學習「醫院管理」，回國後，就在台北市長春路開設「信望愛眼科診所」。因為專業能力與服務態度獲得病患信任，加上他誠懇、親切的服務態度，很快打響了名號。他的診所名聞遐邇，每天病患絡繹不絕。

從小在基督教家庭長大的他，有著非常好的信仰底子。雖然醫院的工作相當忙碌，他仍然每天提醒自己思考一件事：要如何透過自己學得的醫學專長，來回應上帝賞賜給他的才能。他想要的不只是醫治人的疾病，同時也要安慰人的心靈。

工作之餘，他也在台北濟南長老教會積極參與事工服事。但長期過度忙碌，使他在正值壯年的五十六歲就罹患「猛爆性肝炎」，於是將診所交給了行醫的親戚，他與妻子到美國去調養受創的身體。

在美國調養一段時間之後，陳醫師的身體狀況逐漸恢復起來，但他實在過不慣這種悠閒的日子。有一天，他突然想起，到台灣奉獻一輩子的馬偕牧師曾說過這樣的話：「寧願燒盡，不願銹壞。」

這句話經常迴盪在陳醫師的心中，他也不時思考這句話對他生命的意義。他說，美國生活環境雖然非常悠閒、無慮，可以專心調養身體，可是身體好了之後，他卻發現自己很不習慣過這樣的日子。他發現生活中少了對病患的問候，更嚴重的，是上帝賞賜給他的醫療才華好像逐漸荒廢了下來，令他「鬱卒」不已。

他想到馬偕牧師說過的這句名言，不甘心自己就這樣一點一點地「銹壞」了。他說：「其實在美國休養的這五年中，我們夫婦每天早晨起來靈修時，我都聽到有個聲音在我內心說話，在問我說：『上帝給你的恩賜，你為什麼讓它荒蕪！你在逃避，這樣對嗎？』」每當他聽到這樣的聲音，他都對自己說：「不，我沒有逃避，我是來調養身體的，等身體好了，我就會到需要我服事的地方。但那地方是在哪裡？我自己也還沒有摸清楚狀況。」

直到一九九五年，陳雲址醫師六十一歲那年，一個契機讓他遇到了恆春基督教醫院的院長——簡肇明醫師。當他聽到簡醫師說起該院和恆春地區都很欠缺眼科醫師時，他終於發現了上帝要他去的地方，就是位於台灣最南邊、從來沒有任何眼科醫師駐診過的鄉鎮——恆春，而恆春基督教醫院也正需要他去將上帝賞賜給他的才能奉獻出來。

就這樣，陳雲址醫師夫婦捨棄了悠閒、舒服的日子，從美國回到台灣，在台灣最南端的恆春基督教醫院服務。

他們夫婦所做的這個決定，遭到許多親友們的極力阻止，畢竟，都是年過六十的人了，就該在家裡好好享清福，哪有重回職場受累的道理？甚至，這些在美國的朋友還當面罵他大錯特錯，連他妻子也被罵進去。面對這樣的親友，陳雲址醫師總是如此回應：「做事讓心裡有成就感，而且，看到自己不是躺在床上受人照顧，而是還能照顧人，這不是值得高興的事嗎？」

如今的恆春，可說是台灣南部最耀眼的觀光城鎮，不但有吸引大量外國觀光客的墾丁國家公園，每年還會舉辦「春天吶喊」音樂祭，吸引數以萬計的年輕遊客擠滿了這個城鎮。然而，有很長一段時間，由於沒有眼科醫師，恆春的居民就好像活在一片漆黑中；老人家眼睛壞了，無處可醫，失明比例居台灣之冠。入夜後，眼睛看不見的老人家，索性連燈也不點。整個恆春半島入夜後，只有星星和鵝鑾鼻燈塔發出的微微光亮在黑夜中閃爍，恆春也因此一度被稱為「瞎子村」。

直到陳雲址醫師來到恆春基督教醫院駐診，這兒的居民才露出真心的笑容，打趣地說：「從此以後，我們家晚上就可以開燈了！」於是，陳雲址醫師成了第一位定居「台灣尾」的眼科醫生。

找到自己的使命

看，六十一歲的眼科醫生，在別人眼裡，早就該從職場上退休、甚至也要從「人生的舞台」上退休了；但是，陳雲址醫師卻為恆春地區的民眾帶來了「光明」，這樣的退休人生豈不更有意義！直到現在，陳雲址醫師已經八十六歲了，仍然健在，他不但訓練了好幾位年輕的眼科醫師，恆春洋蔥農夫所帶的護目鏡也是他研究出來、透過農會推廣給農夫保護眼睛用的。

陳醫師所選擇的生活方式，就如同馬偕牧師所說的，寧願把生命「燒毀」，也不要讓生命「朽壞」。只要我們願意把上帝賞賜給我們生命中最珍貴的禮物——愛——分享出來，不但可以讓需要的人獲得滋潤、顯出生命的盼望，也可以讓退休後的人生比退休前更加光彩、更加豐富。

如果你願意這樣做，可以考慮在五十歲以後，或是退休前至少五到十年就開始準備，利用假期去走訪偏鄉與貧困地區，事先瞭解那些村落最欠缺或最需要的東西。只要你有心，一定能發現自己可以做些什麼，並從中找到自己的使命。如果你是公務員，要幫忙看看國小、國中學生的功課一點也不難；如果你有科技業背景，為偏鄉的孩子輔導課業也一樣是小事一樁。

做這些不是為了賺錢，而是為我們社會拉近城鄉差距盡一點心力。這是你可以做到的。要記得一個準則：錢，可以幫助我們更容易投入創造生命價值與內涵的工作，但它永遠無法使我們生命變得豐富起來。五十歲後的人生，你可以選擇從人生舞台上退場，也可以選擇讓自己繼續發光發熱，在下半場的旅程中閃亮登場。

問題討論

1. 對那些旅居國外、五十歲就閒散在家的專業人士，你如何看待他們？如果是你，會選擇怎麼做？
2. 依你的看法，許多人認為到大學教書才是有「格」、有「榮譽感」的誤解，是什麼原因造成的？

3. 你參加過任何短期的福音工作隊嗎？若是有，請分享你的經驗和心得。

4. 你認同馬偕牧師所說的「寧願燒盡，不願銹壞」嗎？陳雲址醫師的故事對你有什麼意義？又帶給你什麼樣的啟發和挑戰？

5. 神賞賜給你的才能是什麼？你以什麼方式發揮了這些天賦？等你退休之後，你可以做什麼而不至於浪費了這些天賦？

02 少一道菜，多一分愛

慷慨好施，更加發達；幫助別人，自己受益。

——箴言11章25節

「我們不能做偉大的事，但我們可以用最大的愛去做最小的善事。」這是德蕾莎修女勸勉她修會學生的一句名言。

我們常會聽到有人許這種願：「若是我有多少錢，我也會去幫助人。」或是在買彩券時，說「若是中了大獎，就要拿多少錢出來做善事」。類似這樣的話經常會在我們耳邊出現。但是，多少錢才叫足夠？每個人想的、要的都大不相同。雖然聖經上說「我們有得吃、有得穿，就該滿足」，但即使這些都有了，很多人還是一樣不會感到滿足。

我常說，對於生命的正確觀念，就是：生命最重要的不在長短，而在**活出內涵**。有這樣的認識，就不會浪費許多時間在「養生」的事上。我這樣說，並不是說「養生」不重要，但用生命的大多數時間去講究「吃、喝、住」，加上運動等等，這樣身體是很健康了，但心靈方面卻是一事無成，忘記生命中還有許多更有價值的事可以做，這樣即使活了一百歲，又有什麼意義可言？

講生命的愛，不要老是在愛自己，更重要的，是要知道怎樣去愛別人。基督宗教有一句名言，就是「要愛鄰舍如同自己」（利未／肋未記 19:18）。這樣的愛，讓生命更豐碩、更圓滿，只要你願意，每個人都可以成為他人生命中的天使。

我在台北和信醫院當「義工」，因為我有牧師的身分，因此，每個禮拜到醫院去探望病人，就會經常遇到一些已經面臨生命末期的病人，很想知道關於生命和信仰之間的問題。

我是個傳道者，常常在思考及回答這方面的事，可是病人和家屬卻不是這樣；他們不常有機會討論這些事情，所以每次都會先放好椅子、找好要來的家屬。好幾次，當我開門進入時，病人或家屬就說「天使終於來了」。我起先不知道他們在說什麼，還傻傻地問：「天使在哪裡？」他們便笑著說：「就是你啊！」我說：「我絕對不會是天使。」他們卻說：「我們私底下都說你就是我們的天使。」

其實我並沒有做什麼特別的事，只不過是傾聽病人不停述說自己遭遇癌症侵襲後的生命感受而已，但這樣傾聽對他和他的家屬來說已經足夠了。就是這樣子簡單——傾聽。

少一口飯的精神

還在牧會時，我經常透過這樣的故事來帶動社會服務事工，例如每逢農曆過年，我都會在教會或是我帶領的查經班推出「少一道菜，多一分愛」的活動。我告訴大家，除夕夜的年夜飯，每個家庭可以少準備一道菜，然後將這道菜的錢節省下來，等到過完年，大家將省下來的錢匯集起來，就可以幫助有需要的人。

少吃一道菜，我們不會肚子餓，但省下這道菜的錢，對貧苦窮困的人家卻是大有幫助。我也告訴教會的小朋友，將過年得到的紅包（壓歲錢）捐出一包，大家一起來幫助陷入困境的人或家庭。令人高興的是，會友的反應非常熱烈，幾乎每個家庭都參與，連小朋友也捐出一包包的紅包參與這項活動。

二〇〇四年，我帶教會的會友去日本參訪《沉默》這本書（作者為遠藤周作先生）的歷史景點。我們搭船抵達長崎外島最大的福江島，參訪島上最大的一間天主堂。駐堂神父帶我們參觀時，我發現他們的奉獻箱上有放一塊小小的牌子，寫著「少一口飯」這樣一行字。

駐堂神父告訴我們，那是一九九五年日本發生「阪神大地震」時，為了賑災而發起的運動，全體信徒每人、每天、每餐都少吃一口飯，這雖然非常地少，但匯集起來卻也相當可觀。他們發現，省下來的每一口飯，就如同一粒粒的細沙，可以堆起一棟高樓大廈。因此，即使後來賑災工作已經完成，信徒們認為還是應該把「少一口飯」的活動保持下去，把存起來的錢作為儲備緊急賑災之用。

這位神父說：「有愛的地方，就會有天主的賜福。」接著他引用耶穌的比喻，說他們少吃的一口飯，就像一粒芥菜種子，當人將種子拿去種在地裡，長大後就會是一棵樹，也會有鳥兒在樹上做窩繁延下一代。這是把耶穌想藉著比喻傳達的精神實踐出來。我聽了之後甚是感動，也有幾分羞愧，因為他們是一整年都在告訴信徒

「少一道菜」。

「少一口飯」，而我卻只有除夕夜的晚餐「少一道菜」。

在台灣，不少教會在母親節、父親節、重陽節的時候，會由教會買禮物送給會友的母親、父親和年老的人。但我常在教會推動一件事，就是這三個節日不要再準備禮物送會友了。因為台灣人的生活物資已經不再有欠缺，以教會的預算也不可能送太貴重的禮物（通常是送陽傘、保溫杯、圍巾等等），更重要的是，問題不在於禮物多少錢，而是送一些人們家裡並不欠缺、甚至也用不到的禮物，有什麼意義？

許多教會都為了要送什麼禮物傷透腦筋，越來越多的教會改送禮券，或直接發現金給信徒。這些都可看出台灣在民生物資上已經大有進步，可是觀念卻還沒有跟上。因此，我都藉著受邀去演講的機會，提出這樣的觀念：將這三個節日的禮物預算提撥出來，用來資助貧困的家庭，這樣不是更有意義嗎？

因此，從二〇〇一年開始，我就跟教會姊妹說，我們不要再送禮物了，將這筆經費送給有需要的人。那年的母親節，我們打聽到台大兒童醫院有一位原住民婦女，因為孩子患有血癌，需要一筆醫療費用，因此，教會決定將母親節禮物的經費送給這位母親。

我們跟這位原住民媽媽完全不認識，在表明身分與來意後，我們告訴她，因為是母親節，我們要將禮物代金轉送給她，表示對她孩子病情的關心，並且為她們母子代禱。結果這位母親當場放聲大哭，還驚動了護理站的值班護理師跑過來關心。當護理師知道情況之後，也非常感動。

從此之後，台北東門長老教會不再有母親節禮物，接下來，父親節、重陽節的禮物也跟著節省下來。這些禮物的經費每年還是會編列出來，只是用途不再是買禮物，而是用來賙濟更需要資助的人。雖然沒有了現實中的禮物，但真實的愛會感染更多的人，也會傳得更廣、更遠。

對苦難者的愛

二〇一一年三月十一日，日本因為大地震引發的海嘯，死傷相當慘重。當時，我在教會推出捐款賑災的活動，也利用復活節前一個禮拜的受難週，鼓勵信徒「少吃一餐、多一分愛」，把省下來的錢作為幫助日本賑災之用。

後來，北投區有一間保生大帝廟的主事者聽到這消息，覺得很有意思，就將該廟參與日本賑災的五十萬善款送到我教會來。我問對方，捐獻收據的抬頭要怎樣寫？他跟我說寫「保生大帝」就可以了，我們就真的這樣寫，開出了我從牧會到退休所開過最獨特的一張收據。

到了二〇二〇年，對全世界來說都是一場大災難，因為「武漢肺炎」而死傷的人不計其數。疫情開始之際，全世界被侵襲最嚴重的國家，是歐洲的義大利；該國的天主教靈醫會早在一九五二年就有派神父、修女來到宜蘭羅東開設「聖母醫院」，也在澎湖開設「惠民醫院」等醫療機構，關心台灣貧苦窮困的人。

因此，當羅東聖母醫院院長呂若瑟神父發出「請大家幫忙我的故鄉義大利」的呼聲時，我在四月三日的《自由時報》寫道：「這正是我們可以伸出溫暖和感恩的手，給予回報的時刻……大家齊來伸出溫暖的手，來給義大利這個災情慘重的國家一絲絲的愛。」結果大家反應很熱烈，不到一個禮拜時間，就湧入了一億五千萬的捐款，讓呂若瑟院長深受感動，並且說「夠了，請不要再捐獻了」，充分顯示了台灣人對苦難者的愛。

後來，我又在四月六日的《蘋果日報》寫道：「如果大家能節省一片、二片口罩下來，用來捐給災情慘重的歐美國家……來回報這些疼愛我們的國家、人民，讓他們知道我們深深感念著他們，也紀念著他們今天的苦難和需要。」

上述兩則文章刊登後，得到極大的反應，大家都表示贊同，我們可以少用一片、兩片口罩，甚至出一、兩百元這種小額捐款，讓廠商開出一條生產醫療用口罩的專線，用來幫助許多醫療物資欠缺的國家，以及站在第一線救治武漢肺炎病患的醫療人員。

我深信，做這麼微小的事，卻可以讓陷入苦難中的人得到極大的幫助、感受到我們對他們生命的愛，而這絕對是我們可以做到的事。我們這樣做，等於在實踐耶穌所說的：「因為我餓了，你們給我吃，渴了，你們給我喝；我流落異鄉，你們收留我；我赤身露體，你們給我穿；我害病，你們照顧我；我坐牢，你們來探望我。」（馬太福音 25:35-36）

我們都知道身體上的養生非常重要，而願意用最大的愛去做最小的善事，不就是心靈上最好的養生嗎？

問題討論

1. 德蕾莎修女的那句名言，帶給你什麼啟發？
2. 你覺得心靈上的養生跟身體的養生一樣重要嗎？在這兩方面，你哪個做得比較好、哪個需要改善？
3. 聽完盧牧師的分享，你願意嘗試「少一道菜，多一分愛」的活動嗎？若是願意，你要怎麼做來讓你的教會（或你所屬的團體）推行這個活動？請說說你的想法。
4. 你所屬的教會在傳統節日會送禮物嗎？你對此的看法為何？你贊同盧牧師的做法嗎？理由是什麼？
5. 除了文中提到的「少一道菜」、「少吃一餐」、「少一片口罩」等活動，還有什麼方法可以幫助有需要的人和家庭？

03 兩件事，創造更精彩的50+生活

勤於耕作的農夫食用無缺；追求虛幻的人愚不可及。

——箴言12章11節

近幾年來，台灣各處都有商人推出「養生餐」或是什麼「營養品」，要不就是保健食品之類的廣告。好像吃了這些，就會使人的生命活得更長久、更健康。沒錯，台灣的平均年齡已經來到八十二歲，這種壽命的增加，除了醫療品質的改善和普及外，是否和這些食品有關係，我不敢說。但可以確定的是，它和生命的品質與內涵並不一定相通，因為生命的內涵是和「心靈是否飽足」息息相關的。

基督徒應該都很清楚一件事，就是我們不能倚靠人的力量決定生命的長短，因為生命是來自上帝，長短也是上帝在決定。因此，怎樣在活著的歲月裡活出有意義

的生命，這是一個很值得我們認真思考的生命課題。

思考這種問題，最好不要等到「年老」時才來想。這裡所謂的年老，是指覺得身體虛弱了，可存活的年限越來越短，這時候才開始想，已經太遲了。因為身體虛弱時，就得常跑醫院，各種疼痛疾病也接踵而來，更糟糕的是智力衰退，這時就算想要好好思考這個問題，也已經使不上力了（值得注意的是，智力衰退的人，永遠不會知道自己智力已經衰退，而是會覺得別人對他的態度怎麼跟以前不一樣）。

同樣地，也不要等到臨近退休、或是退休後才來想這樣的問題。因為從職場退下來的人都有一種普遍的想法，認為過去工作三、四十年了，應該好好休息幾個月後，再來打算要做什麼。結果這一休息下來，過沒多久就會狀況連連，最先適應不良的就是家裡的人，特別是枕邊人會最受不了，因而引發各種衝突。這種情況下，自然也無法好好思考這個問題。

我會這樣說，是因為我發現在退休之後，夫妻起口角的頻率會大幅增加。一個原因是過去丈夫在上班，一早就趕著出門，黃昏或是晚上才下班回來，累了，就在吃過晚餐後看看電視，一天也就結束了。現在不用上班，在家裡的時間也多了，便容易發現家裡各種以前沒注意過的地方，像是看到牆角、餐桌、廚房、地板上竟然有螞蟻，或是發現蒼蠅、蟑螂等等。

若是在發現這些滲透進家裡、還很活躍的「外來客」後，自己默默地想辦法對付，那還說得過去；很多人的情況是，一面賣力地驅逐這些蒼蠅、蟑螂、螞蟻，一面還要批評妻子沒有把家裡弄乾淨，嫌東嫌西的抱怨一句句講出口，結果換成妻子無法忍受，有的還因此變成精神衰弱。但若是不讓丈夫把這些不滿講出來，又換成他的情緒日漸急躁起來，最後也是得去找精神科醫師治療。

因此，關於生命的問題，應該在中、壯年時期（特別是在五十歲時）就開始思考。這時，我們通常已經在職場工作二十年以上了，論工作經驗絕對是夠的，人生閱歷也多，對事情的看法也會比較穩重、寬闊。此時就可以開始思考這樣的事：「五十歲後，我可以做什麼事？」、「要怎樣做，才不會浪費退休後的日子，讓人生更有意義？」

在此，提供大家幾個方向來思考。

重新學習第二外語

現在，幾乎所有年齡在五十歲左右的人，都曾在國中、高中或大學裡學過英文，但真正可以順口說出英語、看懂英語文章的人卻甚少，更不用說寫篇英文自傳或是英文信了。因此，我們可以從這時開始，重溫過去學過的外語，把以前學到一半的語言重拾起來，去補習班學習也可以，透過書籍自修研讀也是一種方式。

若是問我，我會建議去學日語、法語、德語，只要是英語以外的語言都可以。我會建議日、法、德這三種語言中的一種，是因為這三種語言的新聞媒體都很發達，而台灣媒體在國際新聞這一塊真的是太貧乏了，所以學會上述這三種語言中的其中一種，就可以幫助我們增廣見聞，看到今日世界更廣闊的另一面。

當然，除了上述三種語言外，也可以考慮去學習西班牙語、韓語、阿拉伯語、斯拉夫語，或是最近幾年政府努力推廣「南向政策」的南亞地帶的語言。學會這些語言，在很多方面都可以幫助我們，也因為對這些語言的瞭解或是講得還算通順，更容易找到「第二春」的工作機會。

第二外語學到一個程度之後，就可以效法北歐國家的做法了。北歐國家的政府鼓勵年輕學子，在升大學之前（或是在大學期間），先利用一段時間去外國遊歷，把中學時期學到的第二外語實地應用看看。同樣地，五十歲之後，自己能支配的時間增加了，我們也可以出國把學到的第二外語實際應用一番，而應用最好的方法，是不要參加旅行團，而是學會自助旅行。

只要上網去查，很容易可以查到哪些地方是值得去參訪的景點。此外，也可以有計畫地存下「旅遊經費」，我的方式是夫妻各自按照每天的日期，照天數來存錢。例如從一月開始存的話，一月一日存一塊錢、一月二日存兩塊錢、一月三日就是三塊錢……依此類推，一年下來就有六萬一千多元，這應該足夠買機票和支付住宿費用了。

夫妻若有相偕到國外旅遊的計畫，就會彼此提醒要做功課，包括「打聽」當地情報、去圖書館或書店找旅遊書來看……等等，更重要的是，這可以增加夫妻一起討論旅遊計畫的話題，自然就能夠減少丈夫每天在客廳、廚房找「小強」和灰塵、螞蟻的不愉快。

發展另一種技能或興趣

現在幾乎所有的行業都需要證照，表示有資格勝任這份工作。這種證照至少可以幫助我們，萬一公司被併購而新公司裁員，或是公司遷移、自己卻無法跟著去，勢必被逼得要離職，這時，若是有另一種證照，謀生的機會就會大大增加。

若是有注意以色列人的社會，就會發現他們每個人身上幾乎都擁有兩種以上的技能，他們會專精一種，然後用另一種技能來防範上述這種裁員、非自願離職的事。他們這種做法當然是有原因的，我在下一章會更詳細地說明。

但一般來說，學習第二種技能，並不一定是為了要獲得證照或是要換新的工作，應該著重在培養自己的興趣比較好，這樣不但可以學到新的技能，還能在日常生活中產生調劑心靈的作用。例如插花的花藝，雖然也可以考取相關證照，用來開插花教室授課，但插花本身就是一種藝術，陶冶性情之餘，也能幫助自己對花卉有更深入的認識。此外，學習陶藝也是很好的選擇，這也是一種藝術，能幫助自己的心靈更加豐富。

我認識一對中年夫妻，他們到東部的深山裡開了一間民宿。平時先生要做的就是整理草皮、果樹、水池、花卉、種菜、養雞等，而妻子就是專心陶藝，他們家裡也有個燒窯，可供自己捏土、雕塑，若是住客看了喜歡，也可以購買。有趣的是，他們的民宿只開放週末兩天，平時他們都在整理果園、菜園，每當週末有客人來住，他們提供的早餐就是自己菜園、果園裡種的，以及自己養的雞所生的蛋。

類似這對夫妻的生活方式，我在台中東勢也遇到過，只是東勢這對夫妻的民宿是天天開放。他們告訴我說，退休後比退休前還忙，因為單單整理房間、清洗被單等就夠他們忙到沒有時間，也沒有力氣吵架。他們一面說著，露出了微笑：「開民宿，不是賺到錢，而是賺到許多『人』，各式各樣的人都有，讓我們的生命比以前更加豐富，可以看到許多過去不曾看到的人性。」這又是另一種生命哲學。

我也認識一位兒童心理學家，過去在大學教書，也學畫畫，退休後，他開始學習捏土燒窯。對他來說，這完全是一種興趣，除了陶冶自己的心境外，也將作品當作禮物送給親朋好友。

此外，原本台語就非常棒的他，退休後開始寫兒歌，把許多自己兒時記憶中的兒歌、在教學中和學生互動而來的歌謠，以及實際參訪幼兒教育機構時所聽見、看見的兒歌，一首首地編寫出來，再請作曲老師譜寫兒歌的曲子，他教自己的姪兒們先唱，然後錄製成光碟，搭配童書一本又一本地出版，許多安親班、幼兒園都加以採用，這些都是他在原本專長之外培養出來的興趣成果。

有一位小兒科醫生，平時對釣魚有非常高的興致，每逢假日就會開車去海邊垂釣，也會載著妻子一起去。退休後，他除了繼續垂釣之外，也對攝影產生了極大興趣。他說：「過去的日子，每天都接觸『壞小孩』（「壞」是指身體不舒服之意），現在退休了，要好好欣賞一下上蒼創造自然界的美，才不會使生命都存留在『壞小孩』的印象中。」

夫妻兩人真的是翻山越嶺，山野間的一朵小花都可以成為他們欣賞拍攝的題材，這位醫師跟我說：「我終於明白了耶穌所說的這教導，看天空的飛鳥和野地裡的花草，上帝把它們打扮得非常漂亮，即使生命的時間非常短促，還是把有限的生命綻放開來，使盡全力放出生命的美！」每年年底，他們夫婦會選出自己覺得拍得最好的相片，編製成有主題的桌曆，當作新年禮物送給親朋好友。

我還有一位朋友是半導體工程師，也是對攝影有興趣。他家裡掛滿了他拍攝的相片，每次在他家裡舉行餐會的時候，同事、朋友一大票人進入屋內，就是在欣賞、討論他拍的作品。他會如同數算珍藏的珠寶一般，逐一地解說。相片的內容很豐富，包括天空、飛鳥，高山上的花草、公園裡的樹木、池塘裡的魚龜，以及草地裡跳躍的昆蟲等等，他會清楚地說出拍攝地點、時間，以及為了要捕捉一瞬間的畫面而細心等候多少時間等等。

每當有人驚嘆地說「好棒喔」或是「好感動」，他就立刻從牆壁上把那幅相片拿下來，連框一起送給那位朋友。很多親友都喜歡到他家去，因為每次去都會有新的作品出來。他太太說：「會欣賞大自然的景觀，就會看見上帝創造的奧秘，連帶地就會想到人的有限和軟弱。這時候，就會更加珍惜活著的日子，只要活一天，就不會、也不敢浪費掉。」

如何讓五十歲後的生活更豐富，就是這樣子學習起來的。什麼時候開始都可以，你可以現在就開始學習與培養，也可以在退休後全心全力地去學，不必一次學好幾種，一種一種慢慢地學，反正退休了，時間有的是。不是嗎？

問題討論

1. 你第一次思考「五十歲後，我可以做什麼事？」是什麼時候？你有得到什麼結論嗎？請說說你的想法。
2. 盧牧師說最好不要等到年老時才來想這種問題，你認同他的說法嗎？依你的看法，你覺得最適合思考這問題的時機是什麼時候？
3. 你認為退休之後，夫妻起口角的頻率大增是什麼原因？要如何避免或解決這個問題？
4. 你會考慮學習第二外語嗎？若是問你的意見，你會建議學習哪一種語言？原因是什麼？
5. 文中提到了許多退休生活的例子，哪一個最讓你有共鳴？請分享你自己對退休生活的規劃，你會如何讓退休後的生活更豐富？

04 培養第二專長，掌握人生的選擇權

有生命的人應該有智慧；有智慧加上家業更好。智慧給你的安全不下於金錢所給的。智慧使你穩妥；這便是知識的好處。

——傳道書（訓道篇）7章11－12節

近幾年來，常遇到年輕一代的學生說他在大學裡「雙修」，意思是指主修課程外，又另外選了副修課程，這樣畢業後，可以透過考證照而多一樣技能，獲得更多的工作機會。這樣的決定和準備都是非常正確的。

我們的世界非常多變，過去認為很重要的，現在可不一定；同樣地，今天看起來很有動力的，可能過不了多久就不會動了。以色列民族在很早之前就建構起這樣的觀念，他們有個傳統，就是父母有責任將自己的才藝傳授給孩子，讓孩子身上至

少具備一種傳統技藝，但除了父母傳授的技藝外，他們也鼓勵孩子去跟別的老師學習另一種技能。

這當然和他們國家在西元前六世紀被巴比倫帝國滅亡、人民被擄去當奴隸的經驗有密切的關係。他們身為奴隸，經常被要求去做他們不會做的事，結果因為「不會」就要面臨被殺死的生命危險。為了生存，他們需要學習原本陌生的生活技能，好讓他們在被驅趕、被流放的苦難時日裡，也可以生存下去。

我有一位很好的朋友，他是個公務員，他覺得下班後還有多餘時間可用，就去學習種花，結果竟然種出了專業水準，這些利用閒暇所種出的花卉都可以拿去市場販賣了。他跟我說，重點不是賣花賺錢，而是培養出一種興趣，這種興趣讓他學到更多新的知識（例如土壤、肥料以及光照等），他對很多事物的看法也因而改變。他說，這是過去從沒有想過的事。

另外有個朋友，原本在國中教生物，也是在工作之餘學習手藝，包括木工、雕刻等。為了學習木工，他託我幫他介紹，利用暑假期間去台東著名的「公東高工」學習技藝。漸漸地，他在木工家具上越來越有心得，總是利用時間釘釘打打，連他母親、妻子去世時所用的棺木，都是他自己做的，真的是別具意義。

此外，他還在週末開辦「才藝班」，招收不少小學生。很多小朋友都喜歡跟他學習，因為他會告訴學生怎樣畫圖、設計，以及怎樣計算要製作的物品等等，讓小朋友很有創意概念。幾年後他退休了，就專注投入一直到現在，已經超過八十歲了，他還繼續開才藝班教學生，認識他的人都說他是個「萬能」老師。

其實，這就是興趣的力量。有興趣，做起事來就不會感覺疲累，也不會有任何怨言，只想要學得更好、做得更精緻。

葡萄園的比喻

我在台北東門教會牧會的時候，每年暑假都會舉辦「快樂兒童營」，因為有不少家長是親自帶孩子來上課，我也為這些父母開設「家長班」，課程內容和孩子上的一樣。這樣一來，下課回家途中，父母就可以和孩子在車上討論上課的心得。

有一年暑假，其中一堂課的內容，是耶穌所說的有關葡萄園主人僱請工人去園裡工作的比喻（馬太福音 20:1-16）。這個比喻提到，葡萄園主人清晨六點就到街上去，看到人，就請他們進入葡萄園工作。到早上九點的時候，他看到街上還有人「無所事事」，便請這些人也去葡萄園工作，並說會給他們公道的工資。接著中午十二點、下午三點，他都到街上去，一樣請那些沒事做的人進入葡萄園工作，也都答應會支付公道的工資。直到下午五點，葡萄園主人發現街上還有人找不到工作，就對他們說：「你們也進葡萄園工作吧。」

這個故事最精彩的地方，就是太陽下山時，主人開始發工資，是從下午五點才進葡萄園工作的工人先發，而且給的工資和清晨六點就進入葡萄園工作的人一樣。這種「不論幾點來，工資都一樣」的做法，引起了那些早來的工人抗議。

連聖經時代的工人都會抗議，就更不用說生活在今天的我們了，不但會抗議，還會去法院控告，說是「不同工，卻同酬」。但這位主人回答那些抗議的工人，說他們在進入葡萄園工作之前，就說好一天工資就是一塊銀子，他並沒有違背這個約定。同時他也強調，他要將錢給誰、要慷慨對待不同時間進來的工人，這都是屬於主人的權力。因為他並沒有虧待任何一位工人。

我曾經將這個比喻跟年輕學生討論，要他們把故事接續下去。很有趣的是，在學生的故事裡，第二天主人到街上找不到工人，因為工人都不想早上出來，想等到下午五點再去，但主人找到下午四點就放棄回家，結果沒有一個工人獲得工作機會，導致家庭生計發生困難。所以第三天一早，工人都很早到街上等候主人，結果失望的主人第三天也沒有出現，然後是第四天、第五天……學生們真的很有創意，什麼狀況都出現了。

講到這裡的時候，我突然看見一個孩子的媽媽，她眼眶發紅，掉下了眼淚。我嚇一跳，還以為我講了什麼話傷到她的心。她站起來說，若是讓她選，她會選清晨六點就進入葡萄園工作，而不會等到下午五點。因為那樣等候，並不表示一定會有工作機會，但至少清晨六點的工作是確定的，可以好好工作一天。

她說，自己會有這樣的看法，是因為她先生工作的公司倒閉了。她先生年紀才五十出頭，失業之後，想想自己過去工作二十多年也很累，可以趁機休息兩個月，再來打算要做什麼。他本來以為憑自己的經歷，應該可以輕易找到新的工作，卻沒想到這一找，找了半年還是沒有著落。他的信心大為動搖，甚至開始出現憂鬱症的症狀，也因為有了憂鬱症，連要找個一般工作都有困難，只能等到病情控制下來，才去找「只要有就好」的工作，不敢再奢望找到過去那樣待遇優渥的工作了。

從這件事當中，我更加感受到學習第二專長的重要性，就像前面提到的以色列人，人人都學會第二種技能，以備隨時要更換工作跑道之需。其實，第二種專長不一定是拿來更換工作用的，也可以當作調整生活的一種方式，讓我們在工作之餘或退休之後，每天可以有固定的學習時間，隨著能力或技術的增進，興趣就越來越高，成就感也隨之而來，增添更多生活的樂趣。

從業餘到專業

我曾遇到一位在藥學上很有成就的商人，他不僅在藥商事業上很有成就，平時還有一個興趣，就是攝影。他從學習拍攝開始，培養出興趣之後，裝備就越來越多，從過去黑白沖洗到彩色照片，設備一應俱全，樣樣都自己來。相機鏡頭也從最原始的那種進化到單眼，再到「大砲」型鏡頭，裝備可說不亞於專業攝影師。

因為喜歡攝影，就會到處去走走看看，從都市人群的生活動態，到荒郊野外的自然景色，到處都是他拍照的靈感來源。然後，他開始參加攝影展，一次又一次地參加，也因此結識了好多位在攝影上相當有心得的大師，他們彼此交流，使他在攝影上的知識、技術都更上一層樓。

他的生活範圍變得更廣闊，攝影的作品也被許多廠商看上，有些是想刊登在刊物上，有些是要當作教育訓練的資料等等。結果，他從一位專業的藥師、藥商，逐漸成為一位同樣專業的攝影師。他的「業餘」興趣，逐漸轉變成第二種「專業」，在退休後開創出新的職涯高峰。

我認識幾位大學的退休教授，他們年紀都已經上了八十歲，卻還是每天去實驗室幫忙，而且完全是義務性的。其中的原因在於，他們認為，可以繼續做這些自己原本就很專業的工作，才是生命中最大的喜悅。他們也告訴我，平時常有學生去實驗室請教他們，不僅是學業上的問題，也會跟他們討論時下發生的社會議題，學生們很想知道這些老教授對整個台灣社會演變的看法。

有趣的是，這幾位退休教授都告訴學生說：「未來的世界是你們的，我們的日子已經不多，不用聽我們的。」學生們聽完，卻反過來對教授說：「話雖然是這樣說，可是我們的社會經歷很淺，對事情的看法、認知有時並不是很適當，而老師的意見是生命珍貴的經驗，這種經驗對我們年輕一代來說，有重要的參考價值。」

說到這裡，這幾位老教授笑著跟我說：「原來我們還有被諮詢參考的價值。」也因為這樣，即使他們都超過八十歲了，還是樂此不疲，天天搭公車去實驗室。

現代醫療的進步，使大眾平均歲數來到八十歲的時代。很多看法都認為，過去六十五歲退休的年限，對現代人來說顯然是太早，應該延後。我們也看到許多身體尚且強壯的人就已經從職場退下來，而他們的年齡連六十都不到。

若是以平均年齡八十歲來說，六十歲退休，之後至少有二十年時間是沒有固定工作的，這對一個人來說並不是很健康的事。因為「有工作」和「沒有工作」是有差異的，這不是有收入或沒收入的問題，而是如果退休後天天無所事事，失去了目標，也沒有任何想做的事，這樣生命的意義在哪裡？這個問題才最是重要。

也有一些人，明明已經存夠了退休金，卻因為退休後沒有固定的收入來源，總是擔心退休金不夠用，忍不住為錢感到焦慮。其實，這都是因為退休後突然失去生活重心，又沒有新的興趣、熱情填補這個空洞，內心感到不安所造成的。

人生的選擇權，其實一直在我們手中。如果提早開始培養第二專長，將興趣漸漸發展成專業，不但生活更有趣味，也不用依靠子女或他人，整個人也會因為再次發現自己的價值而閃閃發亮。

問題討論

1. 以色列人鼓勵孩子學習第二種技能，這和許多華人父母擔心孩子「樣樣通、樣樣鬆」有很大的不同，你認同以色列人的做法嗎？理由何在？
2. 在工作之餘，你有沒有想讓你花時間心力投入的興趣？你想過把這個興趣培養成第二專長嗎？請分享你的經驗。
3. 耶穌所說的「葡萄園主人僱請工人去園裡工作」的比喻，若是你，你會選擇什麼時候進入葡萄園？為什麼？
4. 你或你身邊的人經歷過那種「明明已經存夠退休金，卻忍不住為錢感到焦慮」的狀況嗎？你認為這種不安與焦慮的來源是什麼？
5. 你想過要如何培養自己的第二專長嗎？請說說你對此的想像與看法。

05

即使活到百歲，也不要孤單一人過日子

兩個人總比一個人好，因為兩個人合作效果更好。一個人跌倒，另一個人可以扶他起來。如果孤獨一個人，跌倒了沒有人扶他起來，他就倒霉了。

——傳道書4章9－10節

最近常聽到會友這樣說：「總有一天，家裡會只剩下一個人。」這句話說得一點也沒有錯。因為即使是相當恩愛的夫妻，總有一天會有一個先離開，留下老伴在世上等待那日子來臨，才去天家相會。

我也看見有好多人家，子女都到國外讀書、立業、成家，剩下夫妻兩人在台灣，只能趁身體尚且康健的時候，每年飛去國外跟子女、孫兒生活一段時間。但就像許多台灣人共同的經驗，歐美的生活方式與我們差距太多，因此，會真的搬去國外跟子女一起居住的人還是少數，加上台灣優秀的健保制度，多數人還是選擇留在台灣。

其實，不用說到國外，在台灣的情況也一樣：有孩子在台北或是其他都會區工作的，想要接鄉下的父母一起來住，他們都會說「不要」，原因是左右鄰居都不熟。相對地，也有孩子是在鄉鎮工作的，想要請年老父母到鄉下一起住，父母一想到生病就醫不便，就放棄了。類似這樣的例子可說是不勝枚舉。

其實，就像我說過的，不要等到真的年老，才來想退休後的生活，而是退休前至少五年，最好是五十歲左右就要開始準備。

不想要陷入老後孤單無依的困境，提前準備的最好方式，我會建議加入信仰團契。不論你是信哪種宗教，好的宗教信仰一定有明確的組織，裡面會有許多不同功能的小組。例如以年齡區分的團契就很多，從少年、青年、社青、夫婦、家庭到松年團契都有；也有依據職業類別或專長嗜好所組成的團契，例如醫療、音樂團契等等，現在就可以試著去加入。

我們可以先依照自己的興趣，加入一個社團活動。會這樣建議，是因為加入社團能幫助我們認識許多新朋友——不是職場上的同事，也不是家族裡的親戚，而是不同工作和生活領域的新朋友。和這些朋友來往，可以很自然地獲得許多新的刺激，在無形中幫助我們找到新的興趣選項。

除了社團外，現在全國各地都有開設「社區大學」，去選一、兩門課，就可以獲得許多新同學。很多長老教會也有開辦「松年大學」，可以去聽聽上班期間從沒機會接觸到的新東西。而且，因為來上課的幾乎都是中年以後、或是已經退休的人，課程絕對不會很嚴肅，且活動又多又有趣。

應該再婚嗎？

人是群聚的動物，真正能夠離群獨居的人不多，而且也會很危險，若是身體發生狀況，一個人獨居，連就醫都會有困難。因此，你如果問我：「萬一結婚的伴侶離開了，之後可以再婚嗎？」我的答案絕對是肯定的。

在歐美，很少有人為此猶豫、掙扎，因為鰥寡再婚的事對他們來說很正常，是理所當然的事，但在台灣社會卻大不相同，也因此發生了不少家庭糾紛。在台灣，子女對於父親或母親再婚的事，通常會有一種「很難諒解」的態度出現，原因是很多子女會認為這是對婚姻的背叛。這種心態和我們傳統文化觀念有密切的關係。其實，若是能稍微調整一下想法，情況就會不一樣，衝突也會減少很多。

想想看，若是父母晚年孤獨一個人生活，身為子女的又不能跟他（她）住在一起、時時關心留意，現在有一個人來陪伴一起生活，至少在安全上可以更放心。這也是聖經〈傳道書〉作者所說的：「一個人跌倒，另一個人可以扶他起來。如果孤獨一個人，跌倒了沒有人扶他起來，他就倒霉了。」（4:10）

其實，自己一個人吃飯是很無聊的，多一個人吃飯，就會有許多的話題出來。即使是獨自在外工作、已經習慣這種生活方式的年輕人，也會不時找同事朋友相偕去吃飯聊天，藉此排解孤獨感，何況是上了年紀、孤身一人的長者？此時，應該好好考慮再找個伴侶一起過晚年的生活，因為孤獨一個人過日子，不論是在生理或是心理上，都不是很健康的事。

子女不喜歡父母再婚的另一個原因，大多和財產的事情有關。雖然大部分的子女不肯承認，但實際上就是這方面的爭議比較多。通常子女會認為，家裡的產業是

「雙親過去一起打拼起來的」，如果現在再婚，新婚的對象從來沒有為這個家庭打拼過，一入門就可以分享財產，這讓人很難接受。

然而，這樣的想法也是多慮，因為當父母想要再婚時，兒女只要提醒先將財產的事處理好即可。何況現在法律也有保障婚前財產的規定，只要找律師幫忙，將再婚的約定（特別是有關財產的部分）寫清楚就可以了。既然當子女的無法陪伴在落單的父母身邊，現在有人願意陪伴，總是一件美事，應該說感謝都來不及了，又怎能懷疑別人的動機呢？說到底，這種懷疑也是對父母的不信任。

有的子女是看不慣父母選擇的新對象，這往往是因為將過去自己親人的生活方式套在新對象的身上看待，包括說話的方式、穿著，與子女的互動等，都會成為爭論的焦點。其實，這種心態很常見。年輕人雖然大多是透過戀愛而結婚，甚至有的結婚前就已經同居好一段時間，為什麼結婚後還是會鬧離婚？原因就跟看父母的再婚對象一樣。若是不會用欣賞、分享、分擔的心態去看待，就算父母是一個人過生活，子女一樣有很多地方看不慣，只差在會不會講出口而已。

當父母帶來新的伴侶時，子女常忍不住用「糾正」的態度，想要讓對方待在自己設定的框框裡。這不是正確的心態，就好像婆婆若用自己的標準來看待媳婦，衝突絕對會發生。因為我們的框框可能本身就有問題，若是連父母與子女之間都會有互看不慣的情況，再婚的對象要與孩子們相合就更加困難了。

當父母的往往是用生命中最精華的歲月養育子女長大。看見孩子們成家，也是父母感到最榮幸、最欣慰的一件事，甚至會有一種「責任已了」的感覺。此時，應該就是讓自己度過輕鬆的剩餘歲月、做自己喜歡之事的時候了。若是子女、孫子可以陪伴在身邊，那是最棒的一件事，也就是人們所說的「三代同堂」，但這種事大多是可遇不可求的福氣。

然而，若是家中只有夫婦兩人，那就要更加珍惜，因為兩人生活在一起的時間是過一日、少一日，能夠這樣相處的機會也會越來越少。我就曾跟我妻子說：「我們沒有本錢吵架了。」

「飯團」的力量

除了家庭與伴侶間的相處，前面提到的參加新社團也很重要。若是可以，三不五時可邀請這些新相識的朋友一起出門踏青、四處漫遊、用餐喝咖啡……等，這是讓自己免於孤獨最好的方式。

特別是當孩子都在外地生活時，這些新的社團朋友就像是我們的「近鄰」，比住在外地的「遠親」要來得親近、珍貴。而要維繫這種「近鄰」關係，出手要慷慨些，就如同在經營新「事業」一樣，這樣友誼就會穩固下來。太過計較大家一起花費的事，很難得到真正的友誼。

我曾看到教會裡有一群會友，他們每次禮拜天聚會後，就會相偕到鄰近的餐廳用餐，久而久之，這群會友自稱是「飯團」，還開玩笑說是「吃飯團契」，除了固定時間聚餐外，也會一同出門旅遊。他們就像一個大家庭，每當有誰的子女從國外回來，他們就相偕團聚，子女們也知道父母最好的朋友就是這群人。於是，有趣的事發生了，就是有時親子間的溝通出了狀況，這些子女不是找親戚，反而是透過這些「飯團」長輩協助。

如果到鄰近公園去，就會發現有不少運動團體，包括基督徒組成的「讚美操」或「健康操」團體、穿著制服的「元極舞」團體，或是「太極拳」等各式各樣的團體。加入這種運動團體，除了可以督促自己早起運動、活絡筋脈外，也會認識很多朋友。不但能讓生活更加多彩，也可以讓在外工作的子女放心。

不過台灣人有個不好的習慣，就是相聚交談時，若有人談到自己身體哪裡不舒服，就會有人分享自己服用的藥物，這是非常錯誤的觀念。錢、食品、書籍、衣服等等都可以分享，唯獨藥物是不能分享的。因為同樣的疾病，有時因為血液或體質的差異、服用時間不同等原因，都會有影響，千萬不能隨便分享，不如推薦自己認識的好醫生，才能真正幫到人。

人的生命是短暫的，就像我說過的，真正可用的時間不多，珍惜每天活著的日子，就是一種智慧的表現。而真實的智慧，是學習認識生命的主宰。當人認識了這位賜予生命的天父時，就會更清楚自己的軟弱和有限，知道自己是個有缺陷的人（指自己的不完美）。這樣一來，就不會去強求別人完美，也會知道怎樣與自己的伴侶、家人、親朋好友互補這種缺陷與不完美。

問題討論

1. 你認為老後的生活和子女、孫子住在一起比較好嗎？
2. 若是父母有一位已經先離開人世，你會接受父母再婚嗎？接受和不接受的理由分別是什麼？
3. 若是你的伴侶先走了，你會選擇再婚嗎？請說說你的看法。
4. 不少人認為，陪伴在父母身邊的子女，父母留下來的遺產應該可以多得一些，你對此有什麼看法？
5. 你曾試著去報名社區大學或團契活動，或是去鄰近公園運動、交朋友嗎？你的生活與視野是否有因此拓展？請分享你的經驗。

06 讀一本書，打開新世界的大門

追求智慧是最切要的事，要用你所有的一切換取見識。喜愛智慧，智慧就會使你成功；珍惜智慧，智慧就會使你尊榮。智慧將是你頭上的華冠。

——箴言4章7－9節

在台灣，若以完成大學教育、可以開始工作過獨立生活的年齡來算，平均大約在二十七至三十歲之間，因此一般來說，一個人的「黃金歲月」就是在三十五至六十歲這段時間。大多數的人都會在這段時間裡，把所有精神、毅力都用在職場的工作上。

每當遇到一些熟悉的青年，我常問他們：「現在還有在『讀書』嗎？」得到的回答通常是：「我畢業了。」我想對方會這樣回答，有兩種原因：一是誤會了我的問題，以為我是問他在哪裡就學；二是他不知道自己需要繼續「讀書」——字面意義的「讀」一本書。

確實有不少人是將「學校」和「讀書」連結在一起，因此離開學校、畢業之後，就「不再讀書」了。可是，有一句話我常常聽到，就是「閱讀，會使我們擴大見聞」。若是畢業就不再讀書了，那可真是一件悲哀的事。

在國中、高中就學時期，大部分的人幾乎都忙著應付學校各種考試和升學的事，而在大學時期，除了課業外，也會忙著參加各種社團活動，真正用來閱讀書籍的時間其實並不多。因此，當畢業、就業之後，無論工作多麼忙碌，每逢下班時間或是假日，都應該好好彌補一下就學時期所欠缺的閱讀機會，認真地讀一些書，或是訂閱幾種好的刊物、雜誌。

要培養「讀書」的樂趣，可以從自己喜歡的領域開始，並找相關的雜誌來讀。例如，我喜歡閱讀神學書籍，就搭配訂閱天主教出版的《神學論集》系列叢書；我也喜歡讀傳記類的書，以前也搭配訂閱《傳記文學》雜誌來看。

有的人喜歡汽車，就會買車子相關的書和雜誌來讀；有的人對養生之道很重視，於是舉凡食譜、運動等的書籍就很多，也會去參加各式各樣的健身活動；有的人對靈性方面有偏好，因此，除了閱讀相關書籍外，還會去參加一些靈修大師的講座，甚至將大師的作品整套買下來細究研讀。這些都可以用來充實自己在學生時代兼顧不到的閱讀範圍，對我們的心靈與生活都有很大的幫助。

引發心靈的反思

「讀好書」是很重要，但什麼是「好書」？這當然各有各的觀點。例如林立青先生撰寫的《做工的人》，描述社會中最底層建築工人的辛酸歲月，這本書獲得了各階層人士的喜愛，可以藉此瞭解到台灣在經濟發展之下，大財團是賺飽飽，但底層工人卻往往被忽略。他把自己親眼目睹、親身體驗的事，用流暢的筆法一一寫下，把我們社會底層工人的辛酸血淚赤裸裸地描繪出來。

看完這樣的書之後，每當看到大都會中亮麗的高樓大廈，我都會想到，隱藏在那些豪華大樓後面的，是一群冒著生命危險的建築工人，他們攀爬在高聳的樓層，頂著熾熱陽光、大雨、寒風的襲擊，隨時都有可能因為稍不留心而喪失生命，而他們這樣冒著生命危險，不過是想為自己和家人求得一點溫飽，如此而已。

從這裡開始，我進一步想到那些來自東南亞的外籍移工，他們也是冒著生命危險替我們國家做最艱困的工作。當我們在城市裡看見林立的大樓、坐車或是開車奔馳在高速公路和快速道上，或是經過橋梁，都應該感謝這些遠離家鄉、在社會最底層為我們貢獻青春與勞力的人。若是如此，我們便能善待、尊敬他們，而不會有輕視他們的心態。若有老闆身分的人讀了這本書，或許就會多體貼一下這些勞工的貢獻和需要。

只是讀一本書，就可以看見之前沒注意過的社會角落，引發心靈的反思，甚至改變原本的心態，這就是為什麼除了自己喜歡的書籍類型之外，也要多涉獵一些平時較少接觸到的小說、書籍和雜誌。

如果你原本就對研究有興趣，可以給自己做一個計畫，就是持續閱讀你有興趣的領域的書，但不要停留在「讀」，也試著把自己研讀的心得用最容易懂的文字寫下來。就像過去發行好長一段時間的《科學月刊》一樣，是一群從美國學成回來的專家，為了幫助年輕一代學子認識科學、進而喜歡科學，而創辦了這本雜誌，他們使用深入淺出的方式寫出來，希望讓中學生也看得懂。如果我們也能試著這樣做，自己所學的專長就可以幫助更多人了。

這使我想到啟示出版社的一本書，是美國哈佛大學神學院的教授哈維・考克斯（Harvey Cox）所寫的《耶穌在哈佛的26堂課》。這本書是講述考克斯教授被邀請到哈佛大學部開一門「耶穌與道德生活」的課，對象是一群沒有基督信仰、或是根本不認為自己有信仰的學生，他們對聖經的內容與教導都是陌生的，即使聽過「耶穌」的名字，也不清楚耶穌做過什麼事、講過什麼話、為什麼會被釘死在十字架上等等。

雖然講課的對象是這樣一群人，考克斯教授卻可以用最淺顯易懂的語言在課堂上授課、和學生討論，並將他和學生互動的課堂內容彙整成書，讓我這個傳道者讀起來有很深的震撼。我會這樣反問自己：若是我被邀請去大學開「通識教育」課程，要介紹耶穌和基督宗教信仰，我會怎樣講？

舉這個例子只是想讓大家知道，我們可以把原有的興趣在退休後持續下去。我在台東關山遇見一位姜姓國小老師，對蝴蝶很有興趣，在自己的院子裡搭建了小小的「蝴蝶園」，自己養蝴蝶、做筆記。他對蝴蝶的認識，其實並不亞於任何這領域的學者專家。他也將自己觀察到的蝴蝶生態，用小學生也看得懂的文字寫出來，不僅刊登在科學雜誌上，也在《國語日報》上發表，經常有學生到他家的蝴蝶園去欣賞蝴蝶生態。

他說：「這純粹是一種興趣，看蝴蝶的生命成長演變，是安靜到極點的，但生命卻是這樣美麗至極。」這段話已經說明他對生命的態度了。他從中國北方跟著國民黨政府逃到台灣來，看見許多因為政爭、鬥爭而喪失生命的袍澤，一定有很深的感觸。他從軍中退役後，選擇到偏鄉國小教書，因為學校欠缺自然科的老師，他便接下這份教學工作，從此和蝴蝶結下了緣分。後山的農村處處可見蝴蝶飛舞，而他的興趣就是這樣子開始的。

培養閱讀興趣的方法

或許，你認為自己已經有了年紀，或是打算幾年後就要退休了，其實這種時候，正是重拾讀書習慣的最好時機。若是過去對讀書沒有多大興趣，可以從現在開始培養。

我們可以先從比較好讀的書開始，找些介紹坊間生活記事的書來讀。現在出版業最熱門的書，除了投資理財外，更多的是和吃有關。我不太建議去讀投資理財這方面的書，原因是我們的存款（或退休金）通常是人生下半場的生活所需，而投資若不是很有市場動態反應能力，很可能會血本無歸；此外，每天緊盯著市場變動，心跳、血壓都會跟著起伏不定，對上了年紀的人來說很有負擔。

因此，我比較建議找養生食品這方面的書來看。這類的書又分成兩大類：一是食譜，雖然報紙幾乎每天都有相關的專欄，但不像食譜書那麼專業，有詳細的介紹，且有圖片可供欣賞菜色。二是養生食療法，這是介紹怎樣吃、吃些什麼食物，會讓身體更健康。

看這些書還有個好處，以後我們去市場或超市購買食品時，就會想到可以買哪些食材回去，照著食譜作菜。陪著伴侶去採購時，也才知道哪些食材對健康有益，一邊買還可以一邊討論，這些都能增添夫妻廚房的情趣。這也是培養一種興趣的開始。以前工作緊湊時，根本沒有時間想這些，現在時間比較空出來了，就可以從這類書籍開始讀起。

另一種培養閱讀興趣的方式，就是買旅遊的書籍來看，最近幾年這方面的書很多。即使沒有親身去當地旅遊，透過這些書也會增加許多知識。這種知識不僅是對觀光景點的認知，更重要的是，有不少這方面的書，作者都會從景點的歷史背景開始介紹。

我發現，有不少年輕人利用假期出國旅遊，他們在出發前，都會找介紹那個國家觀光景點的書來看。有看，就知道導遊介紹時是不是抱著應付心態，或是真的有做功課才講給團員聽。我也發現很多年輕人會三五成群，自己看書、找資料，採用「自由行」的方式，自己規劃全部的行程。現在介紹「自由行」的書也很夯，那也是培養閱讀興趣的方式之一。

我們也可以參考年輕人的做法，與幾個親朋好友相偕作伴，討論要到哪裡去旅遊，然後一起看書、做功課，就像年輕人那樣，所有行程都自己來規劃。至於旅遊地點，也不一定非要到國外去，台灣就有很多地方很值得走一趟，很多景點背後都有非常感人的歷史故事。

其實，現在有一些出版兒童繪本的出版社，也開始為上了年紀的人設計專屬的繪本，這是很有趣的喔！因為很多中老年人一聽到要讀書，就開始皺眉頭，但只看圖畫，而且看完圖畫之後還可以填字、跟著畫，這樣的繪本對許多長者來說，感覺就很不一樣了。

如果真的對讀書完全沒有興趣，還有另一個方式，就是看電影。我們要有這樣的認識：看一部電影，等於看一本書。

我曾介紹教會的會友看遠藤周作先生所寫的《沉默》這本書，然後帶會友走一圈書中描寫的地點，又去看了由這部作品改編而成的電影，後來就有很多人一再要求，希望我再組團去走一趟（我已去過三次）。即使沒有看過書，看過《沉默》這部電影之後，我們至少會對日本基督徒所受到的迫害更清楚明白。

我也曾帶會友去看《一八九五》這部電影，這是由李喬老師的作品《情歸大地》改編而成。雖然李喬老師曾表示對電影有些地方的改編很「不喜歡」，但看了這部電影後，再去讀他寫的小說，至少有了基本的認識，也會更清楚李喬老師對改編會有意見的原因。每部電影都有一本「劇本」作底，而劇本就是一本書，我們看電影，就等於是在讀書。就像前面介紹過的《做工的人》，現在已經被改編成電視劇，在電視台播放了。

上述這些都是舉例，透過閱讀，五十歲後的日子可以更加充實。就算不是為了吸收新知，至少可以彌補工作時期因為忙碌而無暇享受的閱讀活動，加上孩子也長大了，我們有更充裕的時間接觸更多新的讀物，而這些都不用「考試」、「交作業」，閱讀的心情是非常輕鬆的。多讀幾本書，可以符合大家熟悉的這句話：「生命不留白。」不論我們現在幾歲，都一樣可以過得這麼「忙碌」、這麼歡喜。

問題討論

1. 對你來說「讀書」有什麼意義？你是為了考試和升學而讀書嗎？
2. 你有閱讀的習慣嗎？如果有，你多久讀一本新書？請分享你閱讀的經驗與心得，並推薦你最近讀過的一本好書。
3. 承上題，如果你沒有閱讀習慣，請想想你要如何培養出這個習慣，以及從哪裡開始著手。

4. 對於閱讀新手，盧牧師建議從飲食和旅遊方面的書開始讀起。你讀過這兩種類型的書嗎？這些書除了讓你獲得知識外，還能帶給你什麼幫助？

5. 你比較喜歡讀書還是看電影？你覺得這兩者在觀看途中與看完的收獲上，有什麼不同？

07

遠離憂鬱症的特效藥

喜樂如良藥使人健康；憂愁如惡疾致人死亡。

——箴言17章22節

《天下雜誌》曾做過一個專題報導，主題是「癌症少了，老人更憂鬱」，文中提供的數據顯示，癌症病例確實在下降，但是憂鬱症用藥人數增加，而其中以「中老年最多」，這點才是值得我們注意的地方。另外也有一份報告指出，台灣人的平均壽命從七十四歲增加到八十歲，但是「不健康餘命」也從八．四年增加到十年。換句話說，活得越久，並沒有比較快樂，反而是痛苦的日子變得更久。

其實，減少或避免憂鬱症發生最好的方式，就是培養快樂的心境，而這種快樂的心境是從肯定自己開始。肯定，可以滋生出信心，在工作上就是如此。當一個人對自己的工作有信心，被同事或是他人肯定時，就會感受到快樂。

更重要的是，一個會快樂的人，他所表現出來的態度，一定是願意去幫助別人，而不是想要凌駕別人、控制別人。所謂「願意」，是一種「心甘情願」的心境，不求回報，只想怎樣伸出手扶持比自己更需要幫助的對象。用比較通俗的語言來說，就是當「義工」（我不太喜歡用「志工」這詞，覺得它力道不足），這種「義」，是一種「義務」，更是一種「責任」。

在基督宗教信仰裡，「義」這詞含括了「公義」、「公正」、「正確」，是含有社會責任之意。因此，當一個義工，在社會責任的層面上是積極、活潑的，這會成為一種生命的驅動力。此外，既然是社會責任，就表示這是應該要做的事，沒有逃避的空間，而且要努力做到盡善盡美。

老人會發生憂鬱症，通常有兩種情形：一種是年輕時就已經有了先兆，這就是「早發型憂鬱症」；另一種是年輕時沒有，直到年老時才發生，常見於六十歲以後，這是「晚發型憂鬱症」。此外也有一些情況是由其他疾病所引發的。憂鬱症最常出現的症狀，就是情緒不穩、失眠、食慾不振、嚴重罪惡感等，對許多事物往往會採取負面的觀點。而憂鬱症一旦發生，就需要專業醫師的協助與治療，很難依靠自己的力量或親友的助力而痊癒。

快樂的必備要素

沒有藥物可以完全免除憂鬱症，但我們可以儘早開始預防，從還年輕的時候就開始做，避免老年憂鬱症的發生。預防最好的方式，就是從上述的「義工」做起。因為，無論在哪裡做義工，都會被自己幫助的對象所肯定，生命的價值感會提升，跟隨而來的就是生出自信感，對事物的看法也會朝向正面的分析與認知，而這些都是「快樂」的必備要素。

但我們要明白，做義工，必須是從心甘情願的態度出發，這樣就不會把義工的工作區分出等級，事實上，義工沒有高低貴賤之分。只要你願意去做，就會知道自己的能力可以做什麼。也可以這樣瞭解：義工能量越多的地區，安定力越強，糾紛越少，快樂的指數也會越高。

曾有一陣子，台灣有許多社區發起「守望相助」的活動，這不需要什麼特別才能，只要把自己的時間挪一部分出來，有組織地排班，大家學習互相守護，社區的安全就提升很多。參與的人會覺得自己有盡到「義務」和「責任」，這就是一種義工的型式。

近年來有越來越多農村社區，因為年輕人大量外流，留下許多年老無依的人，於是有許多社區開始推出「老人共餐」的活動，這是關心孤獨老人的「送餐」活動的進化版。若是活動力還夠，就可以參與這項服務的工作。

一九九四年，陳菊女士當台北市政府社會局局長時，推廣關心獨居老人的活動。方式是跟許多基督教會合作，拉專用電話線給教會，每天定時打電話給社會局提供的獨居老人名單。教會也動員信徒們來當義工，每天打電話給名單上的老人，若是打幾次去都沒有人接，就表示出了問題，教會馬上回報給社會局，局裡就會派出社工師和管區警察去查訪，結果救了許多獨居老人的性命。每救到一個人，都會讓打電話的義工感到自己完成一件「救人」的工作，於是，積極參與義工工作的能量，也在無形中增加更多。

有越來越多的基督教會在關心新住民和他們的家庭，特別是新住民孩子的學校課業，不少教會為此和學校合作，設立了「課輔班」。每天下課後，學校會將那些父母還在工作、家裡沒人的新住民孩子集合起來，由教會派車把他們接到教會，有人會煮飯給這些孩子吃，然後陪他們一起讀書、做學校作業，讓他們的課業可以跟上進度。

像這樣的義工工作，想參與的人不一定要等到退休，從中年、甚至還年輕時就可以加入輔導、關心的工作，只要每禮拜抽出一點下班時間，就可以幫助這些乏人關懷的孩子們在成長中感到特別的愛，而義工自己也會因為參與這些工作，感受到生命很有意義。特別是當孩子課業進步時，孩子心中的喜悅，很自然地就會回饋到這些陪讀和廚房供餐的人身上，會覺得自己的生命原來這麼有「價值」。

越做越甘甜

不必等到年老才開始學著去做義工，更早的時候就可以開始，而且你會發現，有了做義工的習慣後，退休後更容易找出可做的事。

其實，台灣有很多社會服務單位都需要義工的參與，特別是教養院，收容了很多身心有異樣的「孩子」（稱他們「孩子」並不是依照年齡，而是因為他們的智能有如孩童），都非常需要我們大家的幫助，無論是餵孩子吃飯、清洗餐具、環境整理，哪怕只是在辦公室幫忙接電話，都能讓這些單位減少人事費用的負擔，並且有更充分的時間做好照護工作。

台東關山天主教療養院是一間專門照顧低收入戶植物人的機構，修女們在後院栽種香蕉、桑椹、薄荷樹等，有一位原住民中年人，經常帶著工具來整理這片院子。他對我說：「我做這些事，是很感謝這些修女來照顧我們台灣人，我沒有錢可以回報，但我會除草、整理果樹。而且，我只要兩個禮拜來一次就可以了，不會妨礙到我的生活和工作。」

對於他的幫助，修女們總是這樣告訴我：「我們很感謝他來幫忙，香蕉和桑椹都越長越美，薄荷樹葉製作的茶也更香了。真的很感謝他。」

台灣有很多移工，他們遠離家鄉來台灣工作，同樣是一群很需要我們幫助的人。有些人可能會說：「他們是來賺錢的，為什麼還要關心他們？」其實，只要靜下來想想就會知道，移工的工作通常是非常辛苦的，若不是為了生活和養育家庭，為什麼要這樣辛苦？若換成是我們的孩子為了賺取學費或生活費，必須像他們一樣到外國去工作，我們的心情又會是怎樣？

要去關心這群來自異域的移工，其實很簡單，只要去跟教堂、清真寺的主事者說你的想法，問他們你可以做些什麼，就從這裡開始。也可以接觸那些專門在關心外籍移工或新住民的社團，就可以問出你能幫助的事，像是幫忙接電話、接待來求援的移工和新住民等。

這些事看似很卑微，但千萬不要忘記耶穌的教導，做在最卑微的人身上的事，就是為他所做，上帝會記住這些事。當然，我們並不是想要獲得回報，但是無論哪一種人，都具有上蒼造人時賦予我們最特別的形像之愛，經過這種愛的交流，愛與喜樂就會自然地回流到我們身上來，義工的工作也會越做越甘甜。

很少人注意到，當我們去做這些事時，會因此認識許多同樣投入義工工作的人，也會從他們身上聽到許多感人而奇異的故事，這些是我們在學校和職場上都不會有機會聽到的。就像創辦「孩子的書屋」的陳俊朗先生，因為長期陪伴孩子讀書，他從孩子身上聽到關於失能家庭的悲傷故事，足以寫成至少十本書；若是去高雄漁民關懷中心當義工，就會聽到許多船員辛酸血淚的際遇。

儘早開始嘗試做義工，能幫助我們累積許多經驗、開啟更廣的視野，也能幫助我們更加瞭解自己對過去所經歷之事的認知，有了改變與成長，或許會因此改變我們退休後的人生規劃也說不定。但真正重要的，是因為這些幫助他人的工作，能讓我們在無形中感受到生命有意義，以及被人肯定。這樣一來，心靈快樂了，憂鬱的情緒自然也離我們遠去，許多老人常見的疾病也會降到最低了。

問題討論

1. 文中提到「憂鬱症用藥人數增加，其中以中老年最多」，你認為原因是什麼？為什麼現代人活得更久，卻沒有比較快樂？
2. 依你的看法，上了年紀以後，想要保持快樂的心靈，有哪些要素？
3. 文中提到「義」這詞含括了「公義」、「公正」、「正確」，若你是一個基督徒，你認為當義工這件事有什麼特殊意義嗎？

4. 你曾經當過義工，或是伸手幫助過身邊需要幫助的人嗎？是什麼契機或是經由什麼管道讓你開始這樣做的？請分享你的經驗。

5. 本章帶給你怎樣的挑戰？你覺得你可以為這些弱勢者和需要幫助的人做些什麼？

08 凝聚家人的心，不再擔憂中年空巢期

我們愛，因為上帝先愛了我們。若有人說「我愛上帝」，卻恨自己的弟兄或姊妹，他就是撒謊的；他既然不愛那看得見的弟兄或姊妹，怎麼能愛那看不見的上帝呢？所以，基督這樣命令我們：那愛上帝的，也必須愛自己的弟兄和姊妹。

——約翰（若望）一書4章19－21節

我們生活的世界是不穩定的，充滿了變數，也常常會發生一些意想不到的事，改變了生活的樣式，甚至可能會威脅到我們的生存空間，像今年的「武漢肺炎」就是個很典型的例子。而類似這樣突如其來的變故，不會是我們人生中的第一次，更不會是最後一次。

當變故突然來到，往往會造成極大的慌亂。根據資料顯示，中年空巢期最常發生在五十歲左右、為人父母的人身上，因為在這個階段，正好是面臨失業或裁員危機、子女要離家獨立、夫妻關係變得平淡無趣、身體狀況開始走下坡的時候，也因此，常常導致婚姻危機、家庭失和、親子關係破裂，各種失落、不安、寂寞、低潮的情緒自然也隨之而來。

這些狀況中的任何一個，都是我們不想遇到的人生重大變化，更何況是在同一個時期陸續來到，難怪不時聽聞有人因為無法承受中年空巢期的失落感，而引發了憂鬱症。

其實，人生的低潮與變故，都是無法避免的事。特別是在這個時期，要如何找回我們生命中支撐的力道，是每個人都要儘早面對的課題。對此，我的建議是，有好的宗教信仰，就能幫助人在最艱困的情況中獲得生命的力量，不但可以承受生命的苦難，更能勝過生命的苦難。

此外，有真實的宗教信仰，最容易凝聚家庭生活的力量。我常告訴準備要結婚的教會青年，要他們無論多麼忙碌，總要每天撥出一點點時間，讀一段聖經，然後互相問一下對方有什麼要關心的事，之後彼此為對方祈禱。這不需要花很多時間，卻可以作為家庭支撐的力量。

祈禱的支持力量

台灣社會有越來越多婚姻、家變的事發生，每種年齡層都有，但夫妻都邁入中年的家庭，發生變故的比例相當高，其中最大的弱點就是欠缺信仰的根基。真實的信仰不是停留在參加宗教聚會活動，而是落實在家庭生活中。若是夫妻、父母與子女培養出祈禱的習慣，就不會吵架或生悶氣，因為祈禱是在跟上帝說話。心中的冤屈都可以透過祈禱表達出來，就不會把不滿或委屈的情緒留在心中，變成家庭關係裡的慢性毒素。

我遇到很多基督徒就是有這樣的信仰生活，因此，當孩子上了高中、特別是上大學到外地讀書時，父母會跟孩子約好，每天什麼時候彼此相互祈禱。若是遠赴國外讀書、工作的，就會約好每天的某個時間彼此代禱，即便有時差上的問題，也沒有關係。因為父母和子女雖然看不見對方，卻可以透過心靈的連結，同時藉著上帝的手，使彼此之間的距離消弭於無形，使雙方如同在一起。

祈禱的支持力量是非常強大的。

彰化基督教醫院創院者「老蘭醫生」最令我感動的事，就是每次要開刀時，他都會牽著病人的手，和全體開刀房的醫護人員一起祈禱。花蓮門諾醫院的薄柔蘭醫師、台東基督教醫院的譚維義醫師，以及屏東基督教醫院的傅德蘭醫師，他們都提到自己會先帶病人祈禱後，才進行手術，他們異口同聲地說：「我們需要上帝的手牽著我的手，使手術能順利完成。」

這使我想起一件事，一九九六年時，我曾因頸部五、六、七節「椎間盤突出」而到馬偕醫院開刀。要開刀前，主治醫師黃福昭就在開刀房裡牽著我的手，和所有醫護人員一起祈禱。我想起另一位吳震春醫師，他在馬偕婦產科當主任時，每天工作開始之際，都會先祈禱；此外，科裡的醫生每月輪流在家裡聚會一次，目的就是透過舉辦家庭禮拜的這種方式，來凝聚科裡所有醫師的向心力。在那段時期，吳震春醫師打造了馬偕醫院婦產科最光榮的時刻。

若是醫院的醫師可以這樣做，我們的家庭生活當然也可以這樣做。家人不論是有工作的、當家庭主婦的、在學校上學的，每天開始工作、做家事、上課之前，可以讓自己有個十到二十分鐘的靜心時間，先讓自己安靜下來，閱讀一段經文之後祈禱，懇求天父賞賜我們有誠實的心把事情做好，有聰明的智慧可以解決自己遇到的問題，有善良的心可以和同事、同學相處互動。

在工作或上課的休息時間，也可以用短短幾分鐘讀〈箴言〉、〈傳道書〉這兩本「智慧經書」，即使重複閱讀多次也是很好的事。

破壞家庭關係的因素

破壞家庭關係的諸多因素中，我認為最要不得的就是「競爭」和「計較」。夫妻間或親子間有了這兩種心態，就算當場沒有爆發，日積月累之下關係也會逐漸走向破裂。但現代人教養孩子，總是想讓孩子「贏在起跑點」。請不要忘記，那就是在教孩子只懂得和別人「競爭」，而不懂得愛與分享，殊不知孩子學到之後，對別人是這樣，對自己的父母家人也是這樣。

教導孩子競爭，就是在摧殘生命的尊嚴和價值。因為為了要在競爭中勝利，往往是用「數字」在衡量，而數字只適合科學研究，或是商場上用來當作重要評鑑的依據，而生命中最重要、最真實的愛，是無法用數字來計算或評量的。

我想起一個有趣的故事：胡適先生從美國留學回來、在中國北京大學執教時，開口閉口都是「賽先生」和「德先生」，前者指「科學」（Science），後者是「民主」（Democracy）。他家常有慕名前往拜會的學究、親友，他總是在言談中強調：「只要是實驗室無法實驗證明出來的，就是假的、不可信的。」

這樣的話一再落入他妻子耳中，有一天，他妻子端茶給訪客之後，又聽到胡適先生這樣說，她原本已經要走進廚房了，突然止住腳步，緩緩轉過身來對胡適先生說：「我們兩個是否也去實驗室實驗看看，到底是你比較愛我，還是我比較愛你？」在場訪客都愣住了，而胡適先生是怎麼想也想不到，他那寡言的妻子竟然會說出這麼有智慧的話來。

其實，生命是愛的結晶，若沒有愛，那樣的生命是空白的，是悲哀的，是傷害的。當人用「數字」來衡量所有事物時，就是將人的生命給「商業化」或是「物品化」了。

想想看，很多中年婚姻危機、甚至最後離婚的夫妻，有多少是出自對彼此的計較心？又有多少溝通不良、導致孩子憤而離家、彼此老死不相往來的父母與孩子，是因為從小學習競爭心態，而對父母家人失去了體貼、同理的心？

生命最貴重的地方，就是知道分享。因為分享就是愛的表現。而這種分享的愛，要從家庭教育開始。有好的宗教信仰，可以凝聚整個家庭的核心，也能讓孩子知道怎樣去愛自己、愛家人，以及比我們更需要幫助的人。否則，只會使我們的生命變成「商品」，也扭曲了我們生命的價值和尊嚴。

有信仰的人，會擁有一股極大的力量，這種力量平時看不出來，但當工作、家庭遭遇打擊與困難，或是自己、至親身體出現可怕的病狀時，這股從信仰培育出來的生命力量就會顯示出來，讓我們知道有位生命的主宰可以倚靠，我們不用感到恐懼、不安。

信仰，是人活在這個多變世界裡的一股支持力量，它能安定我們的心，也凝聚家人的愛。

問題討論

1. 步入中年之後，你的人生遭遇過什麼重大的困境或變化嗎？你是怎樣克服它的？請分享你的經驗。
2. 對你來說，中年空巢期最難以忍受的是哪個部分？若是發生在你身上，你會如何面對它？
3. 你曾向神吐露你的不滿或委屈嗎？你認為這對促進家人間的情感、拉近彼此距離有什麼幫助？祈禱有幫助到你嗎？
4. 文中提到「競爭」和「計較」會破壞家庭關係，對此你怎麼看？
5. 你曾經用「數字」來衡量人生中的某件事，或和某個人之間的關係嗎？這樣做的結果如何？讓事情或關係變得更好、還是更壞？

Part 2 心靈的養生，比補品更重要

09 祈禱不是用來治病的

我們知道，上帝不聽罪人的祈求；他只垂聽那敬拜他、並實行他旨意的人。

——約翰福音9章31節

神學院畢業後去牧會，我經常遇到這樣的信徒，只要一生病，就希望能透過牧師的祈禱（或是更多信徒的祈禱）而使他的病好轉起來。我也不只一次碰到有些教會教導信徒，生病了不用去看醫生，只要透過祈禱來治病就好了。

這樣的例子不僅在基督教會裡發生，也常見於其他宗教。近來中國發生「武漢肺炎」瘟疫，竟然有某個新興宗教的教主公開宣告說，只要聽他唱歌，即使感染了武漢肺炎也會好起來，若是預先聽他唱歌，就可以防護自己，不會被感染。換句話說，他是要大家購買他錄製的唱片。在美國也有個新興宗教的領袖說，他有向上天祈求，得到上天賜福而準備了「神水」，將這種神水蒸熱，把冒出來的煙吸進去，武漢肺炎就會痊癒。原來他是要賣他加持過的「神水」。

我曾遇到一個婦女，因為乳癌無法走路而被送到我服務的醫院來治療，她原本也在住家附近一間大型醫院當義工。這婦人的女兒聽說醫院有牧師很高興，希望我能去為她母親祈禱，於是我前去探望她。

這婦人躺在病床上，丈夫陪伴在病床邊，女兒站在窗沿處。我習慣先跟病人聊一下，以瞭解她的病況。這婦人開始敘述自己兩年前發現胸部有腫塊，先在自己當義工的醫院診治過，確診是乳癌初期。那時她女兒就堅持要用祈禱的方式，不讓她再到醫院就醫，同時也開始帶教會的傳道者來為她祈禱。

這婦人說，剛開始祈禱時，確實感覺情況有好轉，但後來覺得身體越來越不對勁，直到自己腰部疼痛到無法站立、走路，才趕緊送來醫院，如今被診斷出已經擴散到骨頭，讓她疼痛難忍。

聽完這位婦女的述說後，我對她說道：「你應該多聽聽醫生的建議才對，然後用祈禱來祈求上帝的幫助。」沒想到當我這樣一講，她的女兒馬上跑出病房，到護理站大聲咆哮，說為什麼請我這種牧師來醫院探望她的母親。後來護理長找個理由讓我先出來，我就這樣離開了病房。

這婦人住院兩禮拜接受治療之後，先回家去休養。兩個月後，她再次被送回醫院，她告訴護理站的人，說很希望我能去探望她。接到這通知時，起先我很猶豫是否要去，因為我不希望像上次那樣惹她女兒忿怒的事再次發生，但因為是護理站留下來的通知，於是我又去了。

我踏進病房，這次只有她和夫婿在。他們夫婦一看見我，開口的第一句話是：「牧師，我們要為上次發生的事向你道歉。」婦人繼續說道：「我女兒不敢再來，是怕看見你。我也在想你可能不會再來探望了。我女兒原本是希望你替我祈禱後，會使我的病痛減緩，就可以證明她過去堅持的祈禱是有效的。但因為你建議要多聽聽醫生的意見，她就非常生氣。現在醫生已經清楚地跟她說，若不趕快治療，我的病情會惡化更快。」

其實醫生也有跟我說，這位婦女若是沒有拖延，治療的效果應該會更好，實在令人感到惋惜。

祈禱治病的迷思

在台灣，類似這種教導信徒「生病要倚靠祈禱來治病」的教會，至今還是存在。再分享一個例子：有一位大學二年級的女生，因為是乳癌「第二期上」，有朋友介紹她來找我，徵詢我的意見。

她告訴我說，台大醫院建議她開刀，我也很清楚地回覆她，要聽醫生的建議。談完後，我想要帶著她祈禱，她當場就拒絕了我。因為她聽人家介紹，以為我很會為病人祈禱（其實這是誤傳），沒想到我竟然建議她聽醫師的話接受治療，這讓她非常失望又生氣，回去後痛罵介紹她來找我的朋友。

原來，她所屬的教會就是強調「祈禱效能」那種類型，認為祈禱可治百病，因為上帝是全能的，要信徒對上帝有信心。遺憾的是，經過半年後，我聽說這位女同學已經進入乳癌「第三期下」，已經開完刀，且因為化療的緣故而休學在家。

台中有一間規模不小的教會，很多信徒都是鄰近大學的學生和老師。有一天，該教會的牧師在演講時公開說：「我的教會大家都很會祈禱，也天天熱切地祈禱。

因此，在我們教會，沒有人得癌症。」我聽了之後，在報紙上寫文章痛批這種說法很冷血，因為他這樣一講，得癌症的信徒以後都不敢再去教會了，就算有去，也只能隱瞞自己的病情，因為他們害怕被人知道後，會被譏諷是沒有在祈禱，或是他們的祈禱沒有被上帝所接納。

在醫院當宗教師時，讓我印象最深刻的一次經歷，就是有一位德高望重的教育家因病入院，他有個怪脾氣，除了主治醫師和相關的護理人員，不想讓任何人去探望他。後來醫院人員問他，若是有「牧師」來看他，這樣可以嗎？他馬上拿起手中的平板電腦上網搜尋，然後說：「這個牧師的話，可以。」於是我就被醫院通知去探望他了。

當我敲門並打開房門時，他一看我穿牧師服，開口的第一句話就說：「是盧牧師吧，我告訴你，愛因斯坦的哥哥是數學家，他有做過統計，用祈禱來治病是沒有效的。」

我說：「祈禱不是用來治病的，祈禱是用來和上帝講話的。會祈禱的人，是在表示謙卑，也在向上帝表明自己很軟弱，很需要上帝的扶持與幫助。把祈禱用來治病，並不是正確的信仰態度和認知。」

他聽完我的話，就此打開話匣，開始述說自己現在病況之嚴重，也說出自己的軟弱和對生命有很重的挫折感。他感覺自己擁有這麼多的才華，為什麼上帝不留他多活幾年，好把這些才能貢獻給我們的國家社會？

大多數時間我是在聽他傾訴，偶爾也會回幾句話。例如他問：「為什麼上帝這樣對待我？」我就回說：「這點你要用祈禱問上帝。」就這樣，我們談了快五十分鐘，我看見他有些累了，便跟他說：「教授，你就好好休息吧，我去探望其他的病人。」

說完，我轉身要離開，這時他突然跟我說：「盧牧師，你還沒有替我禱告。」我本來想回說：「你不是說祈禱沒有效嗎？」後來想想還是轉身回去，牽著他的手向上帝祈禱。我帶他祈禱，懇求上帝寬恕、赦免他的罪，當禱告結束時，他很大聲地說「阿們」。當天晚上，我接到他太太的電話，說她先生請我天天去帶他祈禱。

最珍貴的禮物

正確的信仰認知，是知道「祈禱」表示了人的生命很需要上帝。因為我們人類是很軟弱又有限的，在生命的旅程中，我們隨時都需要上帝的幫助和帶領，才能走過人生中所遇到的困境、挫折、失敗。

只有驕傲的人認為自己不需要上帝，會認為自己樣樣都行，有知識也有足夠的能力，可以靠自己之力解決世上的任何問題。有句話說：「有錢能使鬼推磨。」意思很清楚，這個世界有什麼事不能用錢解決呢？只要有錢，就可以買到、換取到自己所需要的一切。但是這種想法錯了，生命本身就是用任何代價都無法買到的。因為生命是上帝所創造並且賞賜給人的最珍貴禮物，生命就在上帝手中，上帝決定了每個人的生命是長是短。

我這樣說，不是指生病不用祈禱，只要找醫生就可以了。我的意思是，生病是上帝在告訴我們，我們是軟弱的人，需要專業的醫生幫忙我們，在此同時，也要用祈禱來祈求上帝賜給我們平安的心靈，不要因為生病而懼怕；也祈求上帝賜給醫生智慧與能力，以幫助我們得到最好的醫治。

但請記住一點，要培養出這樣的生命認知和態度，需要虔誠的宗教信仰作為基底，才有辦法勇敢地面對生命的苦難與病痛。

問題討論

1. 在台灣，認為「生病要倚靠祈禱治病」的教會至今仍然存在。你能想到什麼例子？你自己或身邊的人曾碰過這種情況嗎？
2. 盧牧師舉了幾個實例，說明抱持錯誤的信仰認知，只會耽誤家人或自己的病情。對此，你的感想是什麼？如果是你，你會選擇怎麼做？
3. 文中那位因病入院的教育家，對祈禱的態度從拒絕到接受，你認為是什麼改變了他？
4. 你曾經在生病時向神祈禱嗎？請說說你的經驗。
5. 對你來說，祈禱最有幫助的地方在哪裡？本章所傳達的祈禱觀念，帶給你什麼啟發？

10

人生最不該留下的兩樣事物

上帝啊，有兩件事，求你在我未死之前成全：使我不撒謊；使我也不窮也不富，只供給我所需要的飲食。如果我有餘，我可能說我不需要你。如果我缺乏，我可能盜竊，羞辱了我上帝的名。

——箴言30章7－9節

從二〇〇二年開始，我在台北的和信醫院當宗教師，每禮拜都有固定時間去探望住院的病人。我經常會遇到末期病人問我，該在什麼時機、用什麼方式來交待後事才最妥當；也經常有病人的家屬問我，要怎樣為自己的至親準備後事。

然而，「死」這件事一直是台灣人避談的話題，特別是在醫院這種地方，更是極大的禁忌。因此，我不時會遇到一種情況，就是當病人問我有關預備後事的事情時，在旁邊照顧的親人會禁止病人跟我討論這種問題，甚至會暗示我不要繼續跟病人談論下去。即使是信了耶穌的基督徒，也一樣有這種忌諱。

這也是我經常遇到的兩難：要不要將病人的病況據實相告？會有這種問題，原因之一是擔心病人承受不了。確實是有這種病人，他們心中充滿矛盾，一方面要醫師坦白相告，但如果醫師真的告訴他們情況不樂觀，他們卻無法承受；表面上吵著說「不要再醫了、他要準備去死了」，內心卻是想著再找看看有沒有什麼秘方，或是找個能力更好的醫師來治好他。有的病人還會要求自己的兒女上網查詢，看看有什麼名醫、藥方（甚至偏方）可以讓他的病情好轉，也因為這樣，經常造成醫生的困擾。

其實，即使醫師說病情不樂觀，也不表示病人馬上就會離開，也不表示真的就沒有辦法醫治了。坦白說，沒有任何一個醫師敢跟病人掛保證說絕對會好，因為就算是最普通的感冒，也有可能使生命因此終結。

醫師會這樣說，是要讓病人知道醫生的能力也是有限的，有些病症，雖然現在醫藥確實很進步，但還是有使不上力的時候。醫生也是人，有人的限制，而現代生醫科技再發達，也一樣有極限。但是，醫生不會輕易放棄，幾乎每個醫生都會盡心盡力幫助病人直到最後一刻，因為醫生最大的成就感，就是將重病的病人治好。

反過來說，若是病情果真已經到了末期，卻還是沒有坦白告訴病人，這樣並不會比較好。很多時候家屬不忍心讓病人知道，結果病人因為不清楚實情，往往會誤以為病情應該是在好轉或是逐漸康復中，因而該預備的事沒有準備、該說的話沒有說、該做的事沒有辦好。在這種情況下，若是病情急轉惡化，病人陷入無法言語、意識不清的狀態，家屬就會很後悔沒有及早讓親人交代要處理的事，或是說出內心想說的話。此時，再怎麼懊惱都來不及了。

還有更多情況，是病人的幾個孩子之間原本就不是很和諧，常有衝突發生，甚至對醫生治療的方式都有不同意見。這對病人來說就更加痛苦，也會造成醫生不想說明真實病情，以免夾在幾個孩子中間動輒得咎，說得清楚明白，反而變成被告的素材。這也是近幾年來一再發生醫病衝突的原因。

我個人是比較傾向讓病人瞭解所有實情的，特別是即將離世的末期病人和他的親人，坦白相告，才能讓病人及其親人都能夠有足夠的時間在心理上有所準備。雖然在知道實情後，病人和其親友一開始都會有許多不捨，但終究是把事情講清楚了，總比病人什麼都不知道，沒有留下任何「後語」就離開要來得好。

我有好幾次遇到，醫生已經清楚地向病人說明了確實的病情，病人也知道時間所剩不多，他們便來詢問我，在生命最後的這段時間，他們該做些什麼，又該怎樣開始準備。

有兩件事，是我一定會跟病人說的。我認為這兩件事不只是對末期病人很重要，對所有人也一樣重要。不論在人生的哪個階段，我們都該把這兩件事放在心裡，提醒自己要把握人生，不讓生命留下憾恨。接下來，我會分別說明這兩件事。

不要「含恨而終」

一個人心中有恨，往往是生命旅程中因為某些衝突而帶來創傷，使生命就此有了缺口，這是每個人或多或少都經歷過的事。然而，「恨」所帶來的生命缺口，對我們有非常不好的影響。如果我們放任那些怨恨在內心滋長，而不想辦法去化解或修復，等到進入人生的下半場，累積的怨恨會讓我們只記住那些負面的回憶，而忘了自己生命中擁有的美好事物。

最初上帝造人的時候，是用祂的「形像」來創造的，而祂的「形像」代表了一種完美的圖像，是善，是愛，也是代表著上帝賜福的記號。祂在創造我們每一個人的生命時，便將這個珍貴「形像」賞賜給了我們——換句話說，我們在生命之初，上帝便將代表著愛、福氣、美善的「形像」賜給了我們。

當一個人面臨生命的終結，若是他帶著怨恨離開，就表示他的生命有著缺口，而上帝賞賜給他的「形像」就從這些缺口不斷流走，怨恨越大，流失越多。流失越多，存留下來的當然只會越來越少。因此，聰明有智慧的人會知道在衝突過後，趕緊將這些創傷和破裂的關係修補起來，好堵住這個缺口，否則，能留給後代子孫的美好福分就會越來越少。

生命中最悲哀的事，莫過於上一代留下來的餘恨，即使這一代的人並不一定會清楚仇恨的詳情，這就是所謂的「世仇」。這種傳承下來的「世仇」往往讓後代子孫感到莫名不解，因為上一輩的人大多只靠口傳、記憶，沒有文字書面的詳細記載，結果扭曲了事實的真相。也因此，仇恨一方的子孫常常是恨得不明不白，而被恨一方的下一代則是含冤莫白。

一九四五年八月，二次大戰結束，那年的聖誕節，盟軍在日本的指揮官麥克阿瑟將軍，邀請一位相當傑出的台灣人牧師郭馬西主持感恩禮拜。郭牧師曾在台灣、日本和美國受過嚴謹的神學教育，大戰期間他正好在日本投入台灣留學生青年輔導工作。在盟軍軍事指揮官的聖誕節感恩禮拜中，他告訴所有在場的盟軍官員：「我們打贏了，但我們要學習耶穌所說的『要愛你的仇敵』，就像上帝透過耶穌愛我們、寬恕我們一樣。」那一天的講道，讓在場的許多指揮官流下感動的眼淚。

要寬恕曾經造成我們身心靈受創的人，確實不是一件容易的事，需要有虔誠的宗教心才有辦法做到。因此，在活著的日子裡就要開始學習認識宗教信仰。有好的宗教信仰，就容易在生命中顯明上帝的「形像」，也就比較容易寬恕、原諒別人，這樣的生命，「含恨量」自然就會低很多。

因此，如果我們到了人生的下半場，心中還懷有怨恨，就要想辦法盡力去化解，無論對方是否接受，這至少是對自己生命的一種交待。既然我們心中有恨，就表示錯是在對方，如今我們願意寬恕對方，就是為自己的生命催生出最高的價值。

寬恕的方式，並不一定是跟對方當面談，也可以用手機寫簡訊的方式，若能親自寫張卡片給對方更好，跟他說過去自己對他懷有許多怨恨，但現在人生已走到了下半場，不想把過去的舊恨帶進新的旅程，所以要將這些怨恨做個結束，表示你已經原諒他了。更重要的，是要告訴自己的兒女，你已經寬恕了對方，不要再把這種恨傳到下一代。

不要「抱憾終生」

我們在世上的旅程中，都有想要獲得的某種事物，或是許下了心願、卻還沒有完成的事。如果那些心願並不是不可能完成，就要趁著體力還可以、思路也還清晰之際，趕緊去完成。

我曾遇到一位患了胰臟癌的婦女，她小時候母親便去世了，大姊比她大十六歲，因此從小到大，她的大姊有如母親一般慈愛地照顧她、扶養她長大。她在患病之後，曾聽我說過「不要抱憾終生」的事，她知道自己剩下的日子不多，便要女兒通知這位大姊，讓大姊知道自己疼惜的么妹已經快走到生命的終點，因為無法下床，不能親自去向大姊致謝，但很想見大姊最後一面。

這位大姊接到姪女的通知，隨即在兒子的陪伴下從台中專程趕上台北，去醫院探望這個最小的妹妹。這位大姊已經八十多歲了，行動也不是很靈活。當這位病重躺在床上的婦女看見自己的大姊來到時，感動的眼淚止也止不住，大姊也是一樣，姊妹倆擁抱了好久、好久。然後，這位婦女跟大姊說：「大姊，真感謝您，若沒有您，我無法長大、成家。謝謝您。」只是簡單的幾句話，讓大姊泣不成聲，再次俯身下去摟緊身體虛弱的妹妹。

那一天，她們就像在看自己的記錄片一樣，從小時候的許多故事開始回憶起，讓婦女的子女、孫女聽了都感到驚訝不已，原來自己的母親、阿嬤在成長過程中有這樣「精彩」的故事。透過姊妹倆的回憶，這些故事一幕一幕地播放出來，有如回到從前一樣，有笑、有哭，兩人講個不停。

準備要離開之前，這位大姊跟么妹說：「就到此為止，我不會再來送你了。一路好走吧。」有意思的是，這時么妹竟然也露出笑容說：「謝謝姊姊。就這樣，我們到天上相會了。」這是我見過在病房中最感人的一個鏡頭。

我也想到前立委盧修一先生，雖然知道自己已經是癌末，且身體相當虛弱，但他有個很大的心願，就是想要登上玉山，因此，有一群親朋好友就陪著他去爬玉山，完成他心中最大的心願，使他不會抱憾終生。

怨恨與遺憾，是我們人生中最不該留下的兩樣事物，更別說一直把它們帶到生命的終點了。很多人因為避諱「死」這件事，連其他相關的事都逃避面對。他們覺得只要不去談，死亡就似乎離他們很遠，所以連很多應該儘早化解的怨恨、應該早點去完成的心願，都拖著不去處理，最終，造成許多「含恨而終」、「抱憾終生」的悲劇。

很多事情，就算你想盡辦法閃躲，也無法避得掉。避談，沒有解決問題；勇於面對，好好思考在生命終點到來前，有哪些自己該處理的怨恨與遺憾，才能真正地減少恐懼與不安。

我深信，學會寬恕別人，就會減輕自己的生命負擔，對於即將步入嶄新階段人生的我們而言，是非常重要的一件事。同樣重要的是，能夠不留遺憾地完成我們在世上的旅程，這樣的生命會使人感到飽足，也會更有意義。

問題討論

1. 對於盧牧師經常遇到的兩難：「要不要將病人的病況據實相告？」你的看法是什麼？
2. 你曾對某個人懷有怨恨嗎？這份怨恨對你的生命帶來什麼樣的影響？
3. 要寬恕曾造成我們身心靈受創的人，不是一件容易的事。對於曾經傷害你的人，你願意在祈禱中跟神談談這件事，並試著原諒他們嗎？
4. 每個人或多或少都曾許下心願，卻不是每個人都會去完成它。你認為人們一直沒有採取行動的原因是什麼？
5. 你有什麼還沒完成的心願嗎？你打算怎樣去完成它？請分享你的想法。

11 守護生活，從破除迷信騙局開始

要追求知識；要尋求領悟。要像尋求銀子一樣熱心，像搜索寶藏一樣認真。這樣，你就會領悟甚麼是敬畏上主，明白甚麼是認識上帝。因為，賜智慧的是上主，知識和悟性都是從他來的。

——箴言2章3－6節

我們經常可以從新聞報導中看到，有人號稱自己可以算命、治病、甚至驅魔消災，只要你付足夠的錢，他們就能幫你解決所有的問題。奇怪的是，即使受騙上當的人這麼多，每次有這種「大師」出現，還是有人深信不疑，捧著大筆錢財拜託「大師」為自己治病或解套。

有調查結果顯示，六十歲以上的人特別容易成為詐騙分子的目標、掉入迷信騙局的泥淖。這種現象的發生，或許跟老年人心靈空虛，或是生病產生的無助感有關；但最重要的原因，是許多人年紀雖然增長了，靈性的部分卻沒有跟著成長，於是遇到難以解決的問題時，迷信的想法就在他們心中產生了。

所以我常說，我們應該及早建構敬虔的宗教心靈，這樣若有一天遇到詐騙分子或是假的宗教「大師」，才有分辨的智慧與能力。而要建構敬虔的宗教心靈，就必須從學習宗教經典開始，這是非常基本的要件。

對宗教經典有一定的理解，才會明白該宗教的教導是什麼，以及這些教導在現今時代是否合宜。而要知道是否合宜，就必須知道怎樣詮釋經典的內容，這點正好是宗教師的重大責任。若沒有適當的解釋，信仰很容易會有偏差，這從下列幾個例子就可看出。

一九九二年十月二十八日，韓國南部有一「末日教派」公開宣告世界末日即將來臨。從那時候開始，每隔幾年就有「世界末日」的傳言出現，包括曾經襲捲台灣基督教界的「一九九五年閏八月」風潮，說上帝要毀滅台灣三分之一的人口，結果真相是：帶動這風潮的幕後黑手，是要鼓勵大家移民去加勒比海的「貝里斯」避難，而主事者早就在當地買好土地當作「難民營」。當時有大約四千人跟著去，等他們移民去了那裡才發現被騙了。

緊接著，是一九九八年發生的「飛碟會」事件。一個自稱「陳恆明教授」的人，也是高論世界末日即將來臨，聖經時代上帝用方舟救了挪亞一家八口和所有動物，現在上帝要差派一艘超大型的「飛碟」來救世人。他說，飛碟會降落在美國德州的達拉斯，只要跟他去，就可以進入飛碟獲救。當時，有四百多人跟著他去了。

二〇一三年六月二十四日，東海靈糧堂主任牧師林進泰在分享該教會成長過程時，說他的教會有九百多人聚會，沒有一個人得癌症，因為他們都有祈禱。同年十一月五日，在公視的《有話好說》節目中，有位在靜宜大學教書、且在台大兼課的柯志明先生竟然說：「同性戀者、兔唇、身障人士皆為不自然。」也是在那一年的十一月，「多元家庭」準備要立法時，在立法院的公聽會中，來自新竹「真道教會」的任秀妍律師（也是該教會的傳道者）竟然說出這種話：「親生的孩子才有血緣關係、會去愛他，收養的孩子你能這樣愛他嗎？」

若是大家還有印象，就會想起二〇一四年網路最夯的宗教師，恐怕就是台北

「純福音教會」的郭美江牧師。她在講道中說，耶穌當年應許要賞賜她五倍的祝福，結果有一天她要把腳踏墊丟去洗衣機時，突然發現地上有兩粒鑽石，她在附近找了找，發現有另外兩粒鑽石在地上，就在此時，從天花板上又掉了一粒下來。她說這是超自然的恩賜。

上述這些荒腔走板的舉止和言論，實在是不勝枚舉。這些都說明了一件事實：台灣社會的信仰內涵相當貧乏，人們心靈空虛，只會追求「奇異」現象，卻不知落實信仰在生活中。更重要的，是信徒對聖經的認知缺乏，甚至對聖經的瞭解有錯誤，才會導致信仰產生了偏差，也難怪各種宗教詐騙和迷信騙局時有所聞。

從讀聖經開始的革命

我是基督教的傳道者，對其它宗教的宗教師要怎樣教導信徒，我毫無置喙的餘地，但我鼓勵信徒們除了要勤讀聖經之外，更要適當地解讀聖經，這樣才不會誤解聖經的教導，而會把聖經中的信息與精神實踐出來。

讀聖經具有怎樣巨大的力量，從下面這個例子就可以看出來。

大家應該知道，發生在一九八九年十一月九日的德國柏林圍牆倒塌事件，是改變世界近代史的大事件，但可能很少人知道，這事件跟讀聖經有密切的關係。

這事件發生在一九八六年，當時東德的工業大城萊比錫，有三個在工廠做工的青年，每週一下班後就會去當地的尼哥拉教會找牧師一起讀聖經。有一天，他們讀到舊約〈以賽亞書〉（依撒意亞）第九章，看到了其中第二節的經文：「生活在黑暗中的人，已經看見大光；以往住在死蔭之地的人，現在有光照耀他們。」

他們開始討論這個問題：「要怎樣做，才能使我們東德在共產主義治理下看見亮光？」最後，他們決定從隔天開始，每天去上班時就各帶兩支蠟燭，一支蠟燭在自己的工作台上點燃，另一支送給同事，要送之前先問：「喜不喜歡我們國家可以看見亮光？」若是對方說「喜歡」，就送給他一支小蠟燭，並且將之點燃，然後請對方明天也照樣這麼做。

沒想到，大家的反應相當熱烈，也開始一傳十、十傳百，整個工廠裡，每個人都面露笑容點燃蠟燭。同事問他們怎會想到這樣做，他們說是去教堂讀聖經時產生的想法。從此以後，跟他們去尼哥拉教會的同事越來越多，讀聖經的地點也從小小的會客室，漸漸換到教室、大禮堂，最後連禮拜堂外的廣場都聚集了許多想跟著牧師讀聖經的人。

其實，共產黨的特務早已滲透在他們當中，想知道到底這位牧師講了什麼、這一大群民眾又有什麼企圖。就這樣到了一九八九年十月，人們讀完〈以賽亞書〉後突然想到：「我們讀聖經，也應該要有動作。」於是，他們決定在十月九日下午兩點，大家一起拿著蠟燭從禮拜堂走出來，上街去遊行。

到了那一天，人們從尼哥拉教堂廣場出發，手上拿著蠟燭，一邊吟唱著聖詩。一路上，加入的人越來越多，混在群眾當中的特務一直寫報告回去，但上級顯然認為這沒有什麼，只是教會的一種活動。到下午五點，已聚集了超過五萬民眾走上街頭。初冬的天空如同夜晚般陰暗，點燃的燭光卻照亮了大街小巷。

隔天，全東德和西德的報章媒體、電視都出現了遊行的報導。民眾討論這個遊行所帶來的意義：光，照耀在東德共產社會，就是一種盼望。

經過一個月後，十一月九日下午二點多，在東柏林的某條小街上，有五個年老的婦女效法尼哥拉教會的信徒，也帶著小蠟燭走上街道。不知道是什麼原因，越來越多民眾加入了她們的腳步，大家都手持蠟燭、吟唱著熟悉的教會詩歌，沒有任何人呼喊政治口號。混在其中的特務問民眾：「為什麼加入遊行？」沒有人能回答，只知道這是一份感動。

此時還是下午時分，但天色早已經暗如深夜。人們的熱情沒有因天黑而減退，十萬、二十萬的民眾不斷加入，直到當晚七點，已經聚集了超過三十萬民眾，他們手中的小小蠟燭，光線聚集起來卻有如陽光般耀眼。邊界警衛軍、裝甲部隊都收到命令「戒備」，但他們看到主動走上街頭的民眾態度平靜而溫和，也沒呼喊任何口號，但見千千萬萬的頭緩緩移動著。

此時在西邊的柏林，民眾也聽到了歌聲。他們的第一反應是：今天又不是「教會日」（這是兩年舉辦一次的教會活動），怎麼會有遊行和吟唱詩歌的活動？

很多住大樓的人打開窗戶往外探視，只見彼方黑壓壓的一片人海，以及千萬搖曳的燭光。西柏林的民眾馬上想到了一個月前在萊比錫的尼哥拉教會遊行事件。因此，他們也主動捧著燭光，跟隨圍牆另一邊的人群一起吟唱聖詩。

就這樣，隔著一道圍牆，東西兩邊的民眾慢慢地走向當時的海關「布蘭登堡

尼哥拉教會廣場銅板（左）以及柏林圍牆倒塌地板紀念牌（右）。照片由居住德國柏林的陳主顯牧師和 Bettina 牧師提供。

大門」去會合。兩邊的民眾都很自然地將蠟燭遞給海關人員，說道：「點上燭光，這裡會看見希望的光。」

也不知道是什麼原因，在這一刻，這些海關人員全都忘了他們的職責就是檢查簽證和證件，只知道跟著唱歌，滿心歡喜。結果，有東邊的民眾走過海關到西邊，西邊的民眾也走過海關到了東邊，等於沒有海關了，東西柏林就此邊界開放！

那個夜晚，人們在街上載歌載舞，沒有人回去休息。從一九四六年開始隔離、一九六一年建造圍牆，分離了長達四十年的東西德民眾緊緊地擁抱在一起。一九九〇年一月一日，兩邊政府就宣布合併，恢復第二次大戰前的德國。

此次事件，德國福音教會稱之為「蠟燭政變」。

直到今天，在尼哥拉教堂外的廣場上，都可以看見有兩尺寬、一尺高的銅板鑲在地板上，上面刻著「一九八九年十月九日」，是尼哥拉教會遊行的日期，而在布蘭登堡大門鄰近的廣場地板上，則同樣鑲有「柏林圍牆建造於一九六一年直到一九八九年倒塌」字樣，以此紀念這個改變歷史的大事件。

認識經典的重要性

這件影響甚為深遠的事件，就是閱讀聖經所帶來的信仰成果，改變了德國整個國家和社會，也改變了歐洲的命運與局勢。

想要認識任何一個宗教信仰，我會建議從認識該宗教的經典開始，因為經典才能幫助我們理解該宗教存在的基礎、教義內容與信仰內涵。這些經典都是積年累月才完成的，有的甚至超過數百年、數千年之久。例如基督宗教的經典就是大家所熟悉的聖經，分成舊約、新約兩部分。舊約的資料至少超過四千年，但真正有系統彙編成經書，是以色列人從被俘虜的巴比倫釋放返鄉後，整個民族經過差點滅族的生命慘劇，返鄉安定下來後才逐漸整理出來。這樣的經典充滿了整個民族生命存亡的告白，讀起來就會感受到一股看不見的生命力量，能夠改造人的心靈。

新約的部分，大約成書在西元第二世紀中葉，這時信耶穌的基督徒尚且活在羅馬帝國的迫害之中，因此，新約當中有好幾卷都在鼓舞信徒，即使受到苦難與迫害也不要害怕，要對上帝的拯救有信心。就像新約〈希伯來書〉所說的：「要記得以往的日子。上帝光照你們以後，你們遭受許多痛苦，但是並沒有在爭戰中失敗。有時候，你們當眾受人侮辱和虐待；有時候，你們跟遭受這些苦難的人站在一邊。你們跟囚犯一同受苦。當你們所有的財物都被奪走的時候，你們甘心忍受；因為你們知道，你們還保有那更美好而長存的產業。所以，你們不要喪失了勇氣；這勇氣要帶給你們極大的報賞。為了實行上帝的旨意和領受他的應許，你們必須忍耐。」（10:32-36）這樣的經典能帶給人們無限的勇氣。

因此，若是因為過去工作忙碌而沒有時間好好地閱讀宗教經典，現在就可以每天用一些時間好好閱讀，最好是細讀，這樣就會減少盲目跟從「宗教熱」、陷入迷信騙局的狀況。此外，對宗教經典有所瞭解，一定會讓你感受到內心有一股穩定的力量出現，這是必定會帶來的「附加禮物」。

問題討論

1. 常聽到子女和父母因為迷信的事而鬧得不愉快，就你所知，上了年紀的人為何容易深陷迷信之中？
2. 文中舉了許多迷信騙局、信仰內涵偏差的例子，你聽說過這些事件嗎？對此你怎麼看？
3. 〈以賽亞書〉九章二節的經文：「生活在黑暗中的人，已經看見大光；以往住在死蔭之地的人，現在有光照耀他們。」這段經文給你什麼啟發？你曾在什麼時刻希望有光照耀自己嗎？請分享你的經驗。
4. 蠟燭政變的事件，對你有什麼意義？最觸動你的地方是哪裡？
5. 你曾經因為讀聖經而感到內心有一股力量出現嗎？如果有，是哪段經文激發了你？請說說你的經驗和感受。

12 品味聖經，品出甘甜好滋味

全部聖經是受上帝靈感而寫的，對於教導真理，指責謬誤，糾正過錯，指示人生正路，都有益處，要使事奉上帝的人得到充分的準備，能做各種善事。——提摩太（弟茂德）後書3章16－17節

有好幾次在捷運、公車上看見有人拿聖經、佛經在默唸，也曾在路邊停車格上看見駕駛者在閱讀佛經，每次看見這樣的畫面，總讓我深受感動。我一直深信，認真地閱讀宗教經典，必定會使人心靈滿足，久而久之，就會在不知覺間對生命的價值觀產生與一般人不一樣的想法。

任何宗教都一樣，會認真研讀經書的人很少，絕大多數信徒都是屬於「拿香跟著拜」的類型。也因此，我們不時會聽聞宗教團體內部糾紛的事，或是宗教師欺騙

信徒的新聞頻傳，尤其是中年婦女和退休在家的長者，更容易成為被詐騙的對象。

會有這樣的事發生，就是因為信徒甚少用心閱讀經典，就容易被一些頗會說教論道的宗教師迷惑，因而失財或失身。若是信徒知道研讀經書，就能分辨宗教師所說的內容是否符合經典所言，因為信仰固然是一種生命的感受與體驗，但信仰需要理性的支撐才能永續和有價值，而理性的基礎就是從研讀宗教經典開始。

好好地認識經典，能培養敬虔的宗教心，也才能清楚知道自己對信仰的認知是否正確，這樣一來，就不會被那些利用宗教進行欺騙的人所迷惑。我們常會看到媒體報導有些老人家的退休金都被騙了，其中被騙最多的例子，是吃什麼營養素或秘方，可以除百病或是延年益壽；要不然就是聽信了身邊朋友所畫的大餅，把退休金拿去投資某種事業，結果血本無歸。

會有這樣的情況，往往都是和「想要賺更多」的心態有關。我知道有些人為了投資，還會去買類似《投資聖經》這種書來看，花很多時間在研究股票市場的動態。其實，上了年紀的人，思想反應不會像青壯年時代那樣敏捷，與其在商場股市下功夫，不如多花些時間閱讀宗教書籍，充實心靈的素養，這樣心中就不會只有想獲取更多財富的慾念，心靈自然就會健康起來。

心靈健康的人，身體就不容易染病。前彰化基督教醫院院長蘭大弼醫生（通稱「細漢蘭醫生」）就曾說過，台灣人有超過百分之七十五的病，是跟心靈不健康有關係。一個人若是有好的信念，就會培養出「知足」的生命觀，會知足，就不會貪，反而是會知道分享，這才是生命最大的祝福。

讀聖經的正確心態

我是基督教的傳道者，那麼，我就在這裡談談關於讀聖經的方法。其實讀聖經的方法有很多種，但心態正確地閱讀，才能引導讀者從聖經中得到甘甜的滋味，而樂意繼續讀下去。畢竟，聖經是一本古老的經典，距離我們今天的時代有兩千年之久，若是沒有正確的讀聖經方法，只會使讀者感到乏味，甚至覺得不知所云而停頓下來。因此，讀聖經之前，需要先瞭解如何擺正心態，而後就會比較有幫助。

或許你會說，眼睛視力越來越差，無法閱讀聖經那種字體很小的書。其實，現在已經有較大尺寸的版本，就是專為上了年紀的人所設計的。現在也有聖經電子書，可以上網購買、下載，放大字體在電腦上閱讀（或使用閱讀器也可以）。另外，也可以依照每天閱讀的進度表，先列印出來，字體大小就可以隨意調整了。

閱讀宗教經書，對一個人的生命內涵絕對是有幫助的，至少貪念的心緒會降低、甚至排除掉，這樣一來，就不會浪費我們的第二人生，而是讓它變得豐富起來。接下來說說讀聖經的幾個基本認識。讀聖經的方法很多，但不論用什麼方法讀，下面這兩種心態是不正確而需要避免的：

1. **隨性而讀**：就是沒有目標、沒有計劃的閱讀。想到了，才讀。因此，每次都只是隨性一翻，翻到就讀，這樣的讀法很容易停頓，不會持續，用這種方式讀聖經對信仰不會有什麼幫助。

2. **為某種目的而讀**：這種方式就好像把聖經看成「百科全書」一般，遇到問題，就忙著找聖經尋求答案。這樣的態度很危險，很容易將聖經的原意給扭曲了。

有一則故事我總是喜歡拿來與大家分享：

有一個富人，他想知道對於如何處理自己手上的錢財，上帝是怎麼想的。於是他祈禱後翻開聖經，並且用手一指，剛好指在〈馬可福音〉（馬爾谷福音）十章二十一節：「耶穌定睛看他，心裡很喜愛他，就說：『你還缺少一件。去賣掉你所有的產業，把錢捐給窮人，你就會有財富積存在天上；然後來跟從我。』」

富人覺得不應該是這句話，這不是他想要的。因此，在祈禱後他又打開聖經，然後伸出手指，剛好指在〈馬太福音〉二十七章五節：「猶大把錢丟在聖殿裡，走出去，上吊自殺。」

這段經文使他更難過。他不相信這真的是上帝想告訴他的話。因此，他用同樣的方式試了第三次，結果翻到〈路加福音〉十章三十七節：「耶穌說：『那麼，你去，照樣做吧！』」

聖經不是百科全書

除了上述的故事外，我也親身遇到另一個例子，是有一位會友很想出來參加民意代表選舉，這位會友知道我很關心台灣社會的動態，因此特地來找我討論他要出來競選的事。他說有很多人都鼓勵他出來競選，他想要聽聽我的意見。

我給他的回答是：「台灣有句俗語，說要害死一個人，就是鼓勵這個人去參選，或是鼓勵他去辦雜誌。」他知道我曾和幾位朋友熱心地出資去辦雜誌，結果都失敗了。如今我提醒他必須注意這件事，若是問我的意見，我反倒會建議他，將這些準備要參選民意代表的錢，轉而用來資助需要關心的人家，這樣會更有意義。

但他說有很多朋友一再鼓勵他，並且還分析給他聽，說一定會當選。不過因為我一再反對，他便說他會回去禱告，看看上帝的旨意。

過幾天，這位會友又來找我，跟我說：「牧師，我決定要出來競選了。因為我今天早上起來，想要知道上帝的旨意，於是在祈禱中我跟上帝說，想知道是否可以出來參選民意代表。當我祈禱結束後，就把聖經翻開，然後手指一比，剛好比在舊約〈以賽亞書〉六章八節的經文上！」

這段經文說的是：「我聽到主說：『我可以差遣誰？誰肯替我們傳話呢？』我回答說：『我去！請差遣我！』」這位會友說，當時他的心裡一震，心想，上帝讓他的手指剛好指在這節經文，他第一個想到的，就是這一定是上帝的旨意，要他出來競選，替上帝在民意機構傳講上帝的信息。

我聽了之後，跟他說這樣讀聖經的方式並不正確，要明白上帝的旨意，也不是用這種方式。因為在接下去的第九至十節經文中就很清楚說明，即使先知以賽亞表示他願意去，上帝還是提醒他要有心理準備，當時的北國以色列人是不會有人想要聽他傳講上帝信息的。我告訴這位會友，就算他當選進入民意機構，也會是這樣的結果，沒有人會聽。

但這位會友後來還是決定參加選舉，因為他認為事情怎麼可能這麼巧，他的手指隨便一指，剛好就指到上帝問「我可以差遣誰？」這段經文，他認為這是上帝對他的呼召，所以他執意要去。結果，他落選了。若是真的出自上帝的旨意，一定會當選，不是嗎？

上述這種讀聖經的心態，就是錯把聖經當成百科全書，有事情才想從聖經中找答案，這樣的態度和認知都是錯誤的。聖經不是百科全書，而是一本讓我們認識上帝救贖與慈愛的經典，是一本關於生命的書，也是一本建構豐富心靈的經書，和一般的書大不相同。它會幫助我們知道反省，認識自己的軟弱和錯誤，這才是聖經的真正價值。

問題討論

1. 你有讀聖經的習慣嗎？如果有，是用什麼方式閱讀？是否遇到過什麼問題？請分享你的經驗和心得。
2. 你自己或身邊的人有遭遇到宗教詐騙嗎？是什麼樣的情況？你認為是什麼原因讓那些宗教師可以成功地騙財騙色？
3. 蘭大弼醫生曾說，台灣人有超過百分之七十五的病，是跟心靈不健康有關係。你對此有什麼看法？是哪些態度造成心靈上的不健康？
4. 你曾經為了某種目的而讀聖經嗎？盧牧師說這種態度很危險，依你的看法，這種心態為什麼危險？
5. 文中所說的富人的故事以及會友參選的案例，對你有什麼啟發？

13 為50+準備的每日心靈操練

上主的法律完備，使人的生命更新；上主的命令可靠，使愚蠢人得智慧。上主的法則公正，使順從的人喜樂；上主的訓誨透徹，使人的心眼明亮。上主的規範純真，永遠留存；上主的判斷準確，始終公道。

——詩篇（聖詠）19篇7－10節

我之前有說過，心靈上的健康，會影響到身體上的健康。但要怎樣保持心靈上的健康呢？這就牽涉到一個人是否持有好的宗教信念，以及是否能夠去除帶來不快樂與不知足的貪念和慾念。若是要問我的建議，每天花些時間閱讀宗教經典，為自己的靈性充電，就是最好、最有效的途徑了。

身為基督教的傳道者，我在這裡分享讀聖經的幾個基本認識。讀聖經可以從兩個方面來切入：一個是作為每天靈修的功課，另一個是為了對聖經有更深入理解而做簡單的研究。

為了每天的靈修功課而讀聖經

想要把讀聖經當作每天的靈修功課，就有幾個基本的要件必須注意：

1. **一本全新、沒有任何記號的聖經**：這可幫助我們每天保有嶄新的思路，使自己的心不受任何先入為主的影響。一般人都有個習慣，讀到好的句子會用筆做記號，所以使用不是全新的聖經，當我們翻開聖經時，若是看見有做記號的句子，我們的視覺和思路就一定會受影響。

2. **需要一份有系統的讀經表**：有系統的讀經表，可以幫助我們按照進度表來閱讀。最好是先規劃好，要用多久的時間讀完新舊約共六十六卷（天主教是七十三卷）經書。我的意見是，用三年來讀最剛好，每天讀大約二十五節經文，這樣讀起來大約是十分鐘，讀完之後，便可以靜默思考剛才所讀的經文是在講些什麼。此外，讀經表最好的編排方式，乃是一卷卷地讀。讀完一卷之後，才繼續讀下一卷，這樣會幫助我們更清楚該卷經書所記載的大致內容。

3. **要準備筆記簿**：讀聖經時，最好的方式是準備一本筆記簿在旁邊。在內頁的右上角寫下日期、所讀經文範圍。在讀完沉思之後，將心得寫下來。無論讀完時想到、得到的是什麼，都真實地記錄下來，即使是沒有任何感想或是心得，也照實寫下「沒有心得」。這是最實在的。

4. **最好有固定的時間讀聖經**：無論多麼忙，最好每一天都規劃出一段固定的時間，不用很長，大約二十至三十分鐘的時間，是屬於讀聖經、靈修的時間。這是養成每天靈修的一種方式，且有了固定時間之後，就不容易因為工作忙碌而忘記、停止了。也可以夫婦一起讀，或是和孩子一起，用輪流讀出聲音的方式，這可以幫助家庭靈修生活。

5. **用《現代中文修訂版》聖經有好處**：這個聖經版本的特色是：一、有名詞淺註，告訴我們常見的名詞之簡單意義；二、有題目索引，可以很容易找到資料；三、引文索引，就是新舊約之間相互引用得到的經文，在這地方很快就找得到出處；四、引喻和類似字句索引；五、有聖經年代表和地圖；六、在每一本經書之前，都有簡介該本經書的背景，雖然很簡單，卻有很大的幫助。

此外，《現代中文修訂版》聖經採用的文字、詞句淺顯易懂，即使是剛入門的人也看得懂。這個版本在一九七五年翻譯出來後，在一九九五年再次修訂過，算是比較接近現代語言的譯本，確實是很好讀的版本。

以上是每日靈修時要注意的幾個要點。這樣一來，三年之後，至少聖經已經整個讀過一遍了，又因為有做筆記，更深刻知道聖經有記載什麼故事、有哪些訓誨。這對信仰的訓練是相當有幫助的。

為了更深入理解聖經而做簡單的研究

這是過了中年之後，工作和生活都穩定下來時，就可以開始做的一種信仰功課，特別是在五十歲後，時間更充裕，就可以開始進行這項很有意思的事。

有稍微自行研究聖經，至少不會被許多利用聖經進行欺騙的神棍所迷惑（就像有人亂講說「上帝要毀滅世界」，或是神要賞賜「福氣」給人時，會從洗衣機、天花板掉落鑽石等這種荒謬的言論）。而傳道者的講道是否有正確地解釋聖經，若是自己有先簡單研究過，就可以更加清楚分辨。

有研讀聖經的人都知道，上帝不會毀滅世界，會把世界毀滅的是人自己。上帝也不賞賜給人鑽石，這不是上帝給人最大的賜福，上帝賞賜給人最大的恩典，就是讓人認識耶穌的救恩，進而有堅忍的力量，可以勝過世上的苦難，這遠比鑽石對生命的意義更大。

因此，想要簡單研究聖經，有下列幾種方式可以進行：

1. **選一卷比較短、且熟悉的經卷來進行**：例如，可以選〈路得記〉（盧德傳）、〈約拿書〉（約納）、〈加拉太書〉（迦拉達書）、〈腓立比書〉（斐理伯書）等等，這些都是篇幅比較簡短、內容也比較被人所熟知的經書。當然有許多人對福音書或是像〈創世記〉這樣的經卷很熟悉，那也是不錯的選擇，就從自己比較熟悉且喜歡的經卷開始進行。

2. **多準備另一種或是一種以上不同的聖經譯本**：除了前面提到的《現代中文修訂版》外，還有就是過去大家比較常用的《中文和合本修訂版》。沒有修訂過的《和合本》是一九一九年翻譯出版的，已經超過一百年了，很多語句對今天的人來說很難懂、不好讀，而修訂版則是在二〇一〇年修訂的，修改了過去翻譯不明確或不正確之處。

另外，也可準備一本天主教《思高版》聖經，可以看到天主教的譯本除了譯名不同外，有些經文的差異也很大。例如〈但以理書〉，天主教的譯名是〈達尼爾〉，第三章有多達一百節經文，但基督教的版本只有三十節，兩者相差七十節之多。再者，新約〈約翰福音〉十章二十二節有提到「慶祝獻殿節」這名詞，要明白個中含意，就要看天主教版本的〈瑪加伯上〉和〈瑪加伯下〉才更能清楚這節期的由來。

還有就是《台語版》聖經也是必備的版本。這樣一來，單單中文譯本就有四種可以對照閱讀。越喜歡、越投入這種小小的研究，當有人利用聖經圖謀私利時，就會清楚而使自己不會受到誘惑，甚至被陷害了。

3. **需要準備參考書**：開始研究任何一卷經書之前，最好先看過幾本參考書，理解該卷經書的背景，這點很重要。例如經卷的作者、寫作時代的社會背景、地理環境……等等，有了這些認識之後，再來看經文內容，就會更清楚作者撰寫該卷經書的目的。

4. **可以去神學院選課**：五十歲後，比較有空閒時間，想要研究聖經的某個經卷，可以先看神學院是否有老師開這門課，若有，就可去選修。如果沒有，也可以每禮拜抽出固定時間去神學院圖書館借閱參考書，並做筆記，若是有不明白的經文，可向神學院聖經學科的老師請益，一定會獲得幫助。

如果居住的地方離神學院比較遠，可以找時間到神學院圖書館辦個借書證，將相關的參考書借回家裡閱讀，然後將閱讀時遇到的問題記下來，找個時間專程去神學院向聖經學的老師請教。

回到聖經裡來

一五一七年，馬丁．路德之所以會推動宗教改革，最大的原因，就是當時宗教信仰真的是墮落到欺騙、斂財的地步，甚至宗教法庭為了維護宗教師和教會的利益，經常亂栽贓、作假證陷害善良人民。

當時的宗教師敢這樣做，有一個很重要的原因，就是教會禁止信徒閱讀聖經。因為信徒不能閱讀聖經，只能聽宗教師講，而宗教師有些根本就是亂講，開口閉口都說「這是上帝的教導」，其實都是宗教師為了私利而作的假見證。

因此，馬丁．路德出來推動宗教改革的第一件事，就是呼籲全體教會「回到聖經裡來」，他也親自翻譯新約聖經，用當時社會最普遍流行的文體翻譯出來，這樣大家因為有淺白語文的聖經可讀，宗教改革運動就此興起，才有今天基督教從原本的羅馬大公教會分離出來，也因而改革了羅馬大公教會。

若是人人都重視經典，那麼，當我們把讀聖經當成靈修、用來反省信仰內涵、作為個人的小研究時，宗教信仰就會因而日日革新，成為我們社會的一股穩定力量。基督宗教如此，其它正統宗教也不例外。

問題討論

1. 你是用文中建議的方式來讀聖經嗎？當你那麼做時，發生了什麼？
2. 你閱讀的聖經是哪一種版本？你認同盧牧師說的多準備幾種聖經譯本來參考比較嗎？為什麼？

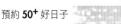

3. 你比較喜歡自己讀聖經，還是參加讀經班？這樣選擇的原因是什麼？請說說你的經驗和心得。

4. 文中提到讀聖經的要點中，你做到了哪些？你認為自己哪一點做得很好，哪一點可能需要成長？

5. 除了盧牧師的建議外，為了更好地讀聖經，你認為還可以怎麼做？

14 理財，要「理」天上的「財」

智慧比銀子更有益處，比精金更有價值。智慧遠勝過珠寶；你所愛慕的沒有一件可以跟她相比。智慧使你長壽，也使你富貴榮華。智慧使你過愉快的生活，領你走平安的道路。

——箴言3章14－17節

我主持過最貧困的一場告別式，會友去世時，連棺木、公墓都是靠鎮公所協助才得到，挖墓穴的則是我教會中的長執。然而，這是教會會友參加告別禮拜人數最多的一次。這位往生者家裡真的非常貧困，但會友們卻給了他最大的溫暖。

我也參加過富貴人家所舉辦的喪事，真的讓我感觸甚深，除了禮拜堂布置了滿滿的「花海」外，各界贈送的輓聯幾乎可將整間禮拜堂包裹好幾層，都還有剩餘。

參加的人雖然也很多，卻遠遠比不上只送了輓聯致意、「禮到人不到」的關係人士。

在過去，鄉下地方有個傳統習俗，就是親朋好友送給喪家的，除了白包慰金之外，還有布匹、毯子等，這些表示哀悼的東西，要用竹架子裝好，雇人將這些竹架抬到街上去遊行，讓人家看看喪家有多少親朋好友、送些什麼東西。我也看過有人將相當貴重的珠寶放在棺木裡，或是兒子在去世母親的嘴裡放一粒昂貴的珍珠，也有人是放在骨灰罈內，然後送到墳地去埋葬。

每次看到這樣的舉動，我的第一個反應就是：這些放在死去之人身上、埋葬在土地裡的東西，到底有什麼意義？這讓我想起秦始皇的兵馬俑，也想到早期台灣人撿拾先人骨骸的工作被稱為「撿金」，聽說是因為做這種撿骨工作的人，常會在棺木裡發現黃金珠寶等物，因此稱這種工作是「撿金」。當然，也有人認為這是一種相當神聖的工作，需要非常細心，每根骨頭都要撿得很仔細，不能有缺。因此，從事這種工作的人，都很清楚一個人身上有幾根骨頭。

我來台北之後，每次要送去世會友的遺體到殯儀館冰存時，都會聽到殯儀館的工作人員習慣性地問家屬一句話：「身上有沒有貴重物品？」若是聽到有金銀珠寶之類的，就會要求家屬立即取下來。他們必須確定遺體上沒有任何貴重物品之後，才會在死者手腕上掛上名牌，確定身分，然後才送去冷凍冰櫃。

我曾遇到一個情況，一位過去在國民黨台北市黨部相當活躍的醫師，有好幾張黨主席頒發的獎狀，且當過某某公會的會長或是理事長。這位醫師過世後，他的兄長們覺得他很「偉大」，因此，當他的遺體要從醫院轉送到殯儀館時，還特地將幾張黨主席頒發的獎狀、匾額都帶著去。當殯儀館工作人員問說「身上有沒有貴重物品」時，這幾位兄長馬上把這些獎狀拿出來，結果殯儀館的工作人員連看也不看，就叫他們把那些東西拿回去自己保管，他們不保管這些。

有好幾次我都跟喪家說，把他們認為最寶貴的物品留下來當作紀念品，而不是放在死者身上當作陪葬品，那會是很可惜的事。

真正要珍惜的事物

每次替會友舉行告別禮拜，我都會想盡辦法，要替會友家裡節省一些不必要的花費，例如過於鋪張的布置，尤其是鮮花，我都會告訴家屬最好盡量減少，那些花的使用壽命最久也不過兩個小時，之後很快就會變成「垃圾」，實在非常可惜。

有時家屬會在訃文通知上寫著「若要送花籃，請與某某單位聯絡」（通常都是葬儀社），這時送來的花籃就會一大堆，整間禮拜堂的內外都擠滿了花，都快分不出誰才是主角了。若是家屬並不想要有這樣多的花籃，我就會告訴他們，在訃文上註明「懇辭」，這樣收到的人就知道了。若是家屬眾多，需要一些花，我會建議使用蘭花盆，這樣在告別禮拜後可以帶回家，或是留給教會用，教會也可以好幾個月不用再買花來插，節省一筆費用。

我常常教導信徒，聖經告訴我們最重要的一件事，就是不要只顧自己，也要顧念別人（參考腓立比書 2:4）。因此，有經濟能力或是有社會地位的人，在辦理親人的告別式時，第一件要做的事，不是顯現自己的財富、社會地位，或是交際多廣闊，而是要想到那些軟弱、匱乏之人，對富者的鋪張會有什麼感受，這才是基督宗教信仰要教導我們學習的功課。

生命本身是非常貴重的，特別是我們還活著的時候，更需要珍惜。但真正要珍惜的，不是吃、喝、穿、住、玩樂這些，我當然知道擁有這些會使人在感官、視覺、味覺上有滿足感，甚至有人會因此覺得生命有「成就感」。但除了這些之外，難道都沒有其它可以考慮的方面嗎？就像一間教會，擁有現代化的硬體設備，積存了一大堆奉獻金，卻不知道伸手給軟弱者，那樣的教會不會是有好品質的教會，也不會是有真生命的教會，更重要的是，這種教會傳不出聖經真正的信息。

我認識一位很有實力的實業家，他的妻子創辦了照顧天生耳聾小孩的機構。後來他的妻子過世，入殮與告別禮拜都很低調，雖然有許多高官顯要人士表示想要出席，但都因為我拒絕給他們上台講「慰詞」而沒來參加。

然而，少了他們出席，並沒有讓家屬減少了所能得到的慰藉，因為告別禮拜當天，來自全國各地受到幫助的小孩和他們的家長都專程趕來參加，擠得整間禮拜堂裡裡外外都是人群。直到現在，這些小孩每年都會在這位妻子生日那一天舉辦活動。他們告訴我說：「她雖然去世了，卻永遠活在我們生命裡。」

愛的帳單

猶太人的拉比（就是導師的意思）有段話說得很不錯：「人死後，什麼都帶不去。唯一能帶到天上去的，就是你幫助別人的愛，只有那份幫助別人的『愛的帳單』，會隨著你到天上去交給上帝。」我猜想，這段話的背景可能和〈箴言〉十九章十七節的記載「濟助窮人等於借錢給上主；他的善行，上主要償還」有關吧。

在嘉義，我有一個很要好的朋友，他家是非常敬虔的佛教家庭。有一天，他們具有「居士」身分的父親去世了，卻要我去協助處理入殮的工作。他們這些兄弟姊妹做了一項決定：喪禮要盡量簡單，節省不必要的花費。

他們也果真這樣做了，沒有請「助唸團」的人來幫忙，不必要的全都省略了，直到出殯埋葬完成。他們共計節省了八十多萬元。然後，他們將這些節省下來的錢捐給天主教在台東關山鎮的療養院，以及在台東的救星教養院，作為協助貧困家庭老人與兒童的醫療需要。

雖然他們全家都是很敬虔的佛教徒，但我覺得他們比基督徒還像基督徒，因為他們做起事來，就像耶穌所要求的一樣。他們對社會不平的事情絕不會袖手旁觀，且積極關心弱勢族群的困境，很願意跟人分享他們所知道的一切。他們在店鋪門口擺了一張桌子，隨時有人去泡茶、聊天，確實做到了「善待外出之人」。只要有人生活困難，他們總是出手給予援助。我從他們身上學習到很多生命哲理，特別是這個家庭的老父親，對貧困人家的資助真的是毫不手軟，他的離開，是很多人心中最可惜的一件事。

你是否想過，當你結束了在世上的生命旅程，你要帶什麼樣的財寶到天上去呢？聖經〈啟示錄〉（默示錄）這本經卷中提到，天上的金銀珠寶很多，多到可以鋪成一片「玻璃海」（參考啟示錄 4:6），連碗都是用純金製作的（15:7），而且天上之人所穿的衣服，華貴到會發出耀眼的亮光。

既然這樣，我們還要帶什麼金銀珠寶到天上去呢？不用了吧。與其拼命儲存這些地上的財富，想著要怎樣理財才能滾出更多錢，不如趁活著的時候，把世上的錢財換成賙濟貧窮之人的需要。不要忘了，人死後，什麼樣的錢財都帶不走，唯一能帶到天上去的，只有你幫助別人的「愛的帳單」。

真正懂得理財的人，不會汲汲營營地「理」地上的「財」，而是「理」天上的「財」。

讓我們「愛的帳單」越來越長吧！這樣一來，我們才能更接近耶穌所教導的精神，也就是他對那位年輕財主所說的話：變賣所有的財產賙濟窮人，必然有財寶存在天上（參考馬可福音 10:21），這就是邁向永恆之道的第一步！

問題討論

1. 殯儀館工作人員習慣性的問話：「身上有沒有貴重物品？」這句話帶給你什麼啟發？
2. 追求吃、喝、穿、住、玩樂，對你來說代表什麼？若是有一天你澈底失去了這些，你的人生會失去滿足感和成就感嗎？
3. 你參加過鋪張的告別式嗎？你的感受是什麼？依你的看法，匱乏貧窮的人又會有什麼感受？
4. 猶太拉比說，人死後，唯一能帶到天上去的，就是你幫助別人的「愛的帳單」。到目前為止，你的「帳單」上有哪些內容？
5. 你認為該怎麼做，才能夠好好地「理」天上的「財」？請說說你的想法。

15

留給孩子的最棒禮物

智慧的價值遠勝過珊瑚、水晶；智慧遠超過紅寶石。最好的黃玉不能較量；最純淨的金子也無法相比。上帝向世人說：敬畏主就是智慧；離棄邪惡就是明智。

——約伯記28章18－19、28節

大家都知道，一個人死後，什麼都帶不走，就像台語說的「死人穿的壽衣沒有口袋」。而在舊約聖經裡，約伯也說過類似的話：「我空手出生，也要空手回去；上主賞賜的，上主又收回。」（約伯記 1:21）

說到這個，我想起幾年前長庚醫學院新生入學時，有一個新入學的學生開著一部嶄新跑車去學校報到，原來這位學生的父親也是醫生，買這部高級跑車送給孩子當作考上醫學系的禮物。這當然是那位父親有能力、有財力，他想怎樣犒賞他的孩子考上醫學系，那是他家的事，別人沒有置喙的餘地。但光從這一點，就可看出每個人對生命價值有不同的看法和認知。

就我個人的看法，給孩子奢華的生活物品，對孩子一點益處也沒有。有些人是將財富當作生命的最高價值；有些人則是告訴孩子，願意透過自己的能力和別人分享的，才是真正有價值、生命豐富的人。

美國曾做過一項統計，父母留財產給孩子一百萬美元以上的，有超過百分之七十的青年因此荒廢了原有工作，一味地重視吃喝玩樂和享受，結果短短的三至五年內，這一百萬美元就花到只剩二十萬，有的甚至已經花光了。留給孩子這樣的禮物，到底是好還是不好？我想答案已經很明顯了。

在教會牧會時，我常在許多家庭舉行追思親人的禮拜中，聽到主人見證說，他們最感謝上帝的，就是父母沒有留給他們什麼財產，唯獨留下了很好的信仰根基，讓他們全家都知道這一生都要緊緊抓住信仰，而他們全家都真的這樣做到了。每當聽到這樣的見證，我都會深受感動。

生命最可貴之處

過了中年以後，我常常思考這個問題：「我要留下什麼東西給自己的孩子？」我在民視電視台主持《這些人，這些事》節目，介紹了許多來台灣奉獻一生的宣教師。這一群群來自英國、美國、加拿大的宣教師，大部分是醫生、護理師、教育家、傳道者，全是學有專精的頂尖人才。他們遠渡重洋來此，創辦學校、醫院、社福機構，不但奉獻了所有的一切，連生命也在這裡結束，並且安葬於此。是什麼力量使他們願意這樣做？這才是父母應該傳承給孩子的寶貴精神贈禮。

這些宣教師的奉獻精神，其實是會感染台灣人的。我曾在節目中介紹謝緯牧師和他的妻子楊瓊英女士，兩人都是醫生，他們醫院的工作幾乎都是由楊瓊英醫師負責，謝緯牧師則是到原住民地區去巡迴義診。謝緯牧師就說過這樣的話：「當醫生的快樂不是得到金錢，而是得到患者的信賴。」這就是我前面說到的，每個人對錢與財富的看法差異很大，而父母的觀念當然也會對孩子產生重大的影響。

謝緯牧師每個禮拜都固定從南投到台南北門的烏腳病醫院去義診，不論是診治、動手術都不拿錢。那時我還在神學院就讀，同學們問他為什麼能夠心甘情願地為病人這樣付出，且不求回報，他是這樣回答的：

基督徒不要忘記，賺錢，是為了什麼？賺錢固然很重要，但更重要的是：怎樣用所賺的錢來幫助自己活得更有意義？這一點才重要。不要讓錢箝制了你原本寬闊的胸襟，也不要讓錢絆住一個人往理想境界前進的勇氣、毅力。記住，千萬不要因為想要賺更多錢，害你墮落了，結果成為賺錢的機器！

我比較擔心的是，當人過著富裕的物質生活、忘記了有貧窮人在身邊，這樣就會使人忘記上帝賜福的意義。其實，我來到這裡，是來向這些病人學習的；學習他們身在這樣的苦難中，尚且如此認真地活著，還想盡辦法要工作賺錢，使家人可以生活下去，這點才是生命中最可貴的地方。

我比他們幸運，條件也更好，我就應該更認真地工作和生活。我當醫生，家裡也開診所，確實比一般人收入更豐，所以我來這裡當義工，等於是「付學費」學習怎樣實踐聖經的教導。

那次簡短的對話，一直深刻地烙印在我的心中。我隨即想起耶穌所講的一段話：「一個人就是贏得了全世界，卻失去自己或賠上了自己的生命，有什麼益處呢？沒有！」（路加福音 9:25）

我常說，子女的言行，就是從父母的行為裡學習。千萬不要以為孩子小，什麼都不懂。他們是看在眼裡、想在心裡，只是沒有說出來而已，等到他們說出來、做出來時，早已為時太晚。這就是宮崎亮醫師所說的：「父母的行為正確，孩子的教育已經完成一半，其他的已經不是最重要的了。」

這話是真實的，因為謝緯牧師的父母育有六位子女，都是非常虔誠的基督徒，他們對兒女的教育皆以聖經為準則。謝緯牧師從小就深受父母的影響，而我接觸過謝緯牧師的幾位兄弟，也和他一樣傳承了父母教給他們的精神，對貧困弱勢之人深具愛心。想必對謝緯牧師及他的兄弟來說，父母的這些言傳身教，比任何貴重的禮物都更有價值，因為有形的禮物總有用完、壞掉的一天，精神的贈禮卻能夠終生受用無窮。

受用終生的禮物

除了謝緯牧師，還有許多人的精神與作為，都很值得作為孩子價值觀的典範。例如陳五福醫師，他是一位眼科醫師，終其一生都在幫助社會中最弱勢的人，也因為他每天接觸盲人，所以特別關心盲人的福祉，早在一九五九年，就創辦了全台灣唯一的盲人福利機構「慕光盲人重建中心」。

他曾遇到一位老婦人來看診，對他說了這樣的話：「人活在世間，貧窮、沒有錢，就已經夠難了，如果再加上別人的輕視，日子就更難過了。」這位老婦人的話，使他更確認自己要把所有能力都奉獻在盲人身上，所以，來重建中心學習的盲人，一切費用全免。當時，沒有人相信他可以真的這樣無私付出，但他確實是這樣子做了，這就是他令人感動的地方。

二〇一九年八月在美國故鄉安息回天家、創辦花蓮門諾醫院的薄柔蘭醫師（Dr. Roland Peter Brown），他最讓台灣醫界津津樂道的一件事，是他曾對在美國工作的台灣人醫生說過這樣一句話：「從台北來美國很近，但從台北去花蓮卻很遠。」因為這句話，讓不少留在美國的台灣人醫生打包回來台灣，且下鄉去服務。

薄柔蘭醫師還在職時，為了不讓窮人不敢到醫院看病，曾實施一個很重要的政策，就是來看病的人通通都是「一人一元」，不論是什麼身分、背景，一律相同。有著深厚基督信仰情懷的薄柔蘭醫師，對生命的看法不但是尊重，且是堅守著「每個人在上帝面前，貧賤富貴都一樣」的信念，不會有任何偏袒，而這樣的精神，正是現代因為各種歧視而造成許多衝突的社會所需要的。

當我們有正確的生命價值觀時，很自然地就會影響到我們對事物的選擇，而這些選擇和所做出來的結果，一定會影響到我們自己以及我們的孩子、後代子孫，甚至會影響到遠在他鄉的陌生人。上述這幾個故事，都是最佳的見證與典範。

當父母的不要老是停留在「想要留存更多家產給子女」的想法中。在台灣，父母過世後有一種「留手尾錢」的民俗，表示富貴到有餘之意。其實，那是很不正確的觀念。與其留下許多錢財給子女，倒不如多找些時間跟子女一起用餐、聊天。

去餐廳有個好處，不會增加煮飯和餐後收拾的壓力。但要注意，去餐廳用餐時，若是手頭上還夠，最好是當父母的買單，不管子女是否有能力付帳。除非是自己生日，或是父親節、母親節這種特殊節日，孩子要出錢表示孝順，否則就是父母來買單。因為退休以後還有機會跟孩子、孫子一起吃飯，是一件很美好的事。

若要留下家產給子女，我們的法律規定子女可以均分父母留下來的財產，這很公平，但父母若能進一步想到：是誰陪伴自己過晚年生活，這會更有意義。因為會陪伴在身邊的子女才是最重要的，比起沒有陪在身邊的子女，讓長久留在自己身邊的子女獲得更多，這不但是應該的，也是父母可以好好思考的事，更是為人子女者應該明白的事。但為了避免不必要的糾紛，除了生前遺囑要清楚記明外，最好的方式是先給陪在身邊的子女得到部分，以免死後子女們認為分配不公而爭吵、甚至對薄公堂，那就不是心之所願。

孩子會長大，父母會漸老，且老去的便不會再回來，這是生命的事實。留給孩子最好的禮物，絕對不是金錢、可數的財產，這些都是所有禮物中最粗淺的，也是最容易使下一代迷失方向的東西。那麼，要留給孩子什麼東西才好？每個人想的都不一樣，沒有標準答案。但要注意一點：父母的生命價值觀，對孩子的影響可說是一輩子的，而將這些美好的精神留給孩子，豈不就是父母能給孩子最棒的禮物？

問題討論

1. 文中提到，一位醫生父親買一部高級跑車送給孩子，當作考上醫學系的禮物，你贊同這位父親的做法嗎？為什麼？
2. 根據美國的統計，父母留財產給孩子一百萬美元以上的，有超過百分之七十的青年因此荒廢了原有工作。這給了你什麼啟發和警惕？
3. 你想要留給孩子什麼有形或無形的禮物？請說說你的想法。
4. 謝緯牧師的那番話，帶給你什麼樣的挑戰？
5. 本書述說了許多美好精神的人物故事，你要如何和孩子分享這些感人的故事，使其化為孩子的精神養分？

16 學習生命之愛，心靈再升級

有人告訴耶穌：「喂，你的母親和兄弟站在外面，要跟你說話呢！」耶穌回答：「誰是我的母親？誰是我的兄弟？」於是他指著他的門徒說：「你們看，這些人就是我的母親，我的兄弟！凡實行天父旨意的，就是我的兄弟、姊妹，和母親。」

——馬太福音12章47－50節

有一次我去武陵外役監獄上宗教課，課後，一位年輕的角頭老大跑來問我說：「牧師，你說說看，為什麼耶穌會說『誰是我的母親？誰是我的兄弟』？而且他看了坐在他周圍的人之後，又說『你們看，這些人就是我的母親，我的兄弟』，這是什麼意思啊？」

我聽了，反問這位兄弟說：「從你入了監獄，直到你轉來這所外役監獄，是誰最常來看你？誰最關心你在這裡的生活？」他聽了之後，帶著微笑回答我說：「牧師，這樣我就知道了。謝謝。」

其實，耶穌出來傳福音時，他的弟弟們對他是頗有意見的。這點從〈約翰福音〉七章一至五節的經文就看得出來：有一次的住棚節，耶穌的弟弟們對耶穌說：「你離開此地到猶太去吧，好讓你的門徒能看見你所行的事。人要出名，就不能暗地裡做事。你既然能行這些事，就該在世人面前表現出來！」然後，下一句的經文這樣說：「原來連他的兄弟也還沒有信他。」

直到後來耶穌死而復活，他的門徒在聖靈感動下，勇敢地公開見證耶穌復活的信息，因而開創了信耶穌的信仰團契（這就是教會的形成），人數也從最早的三千人不斷累積到「數以萬計」（參考使徒行傳／宗徒大事錄 2:41-42、4:4、21:20），到此時，耶穌的弟弟雅各（雅各伯）才出來收割這個成果，成為早期教會的首領之一（參考使徒行傳 21:17），地位之高，連彼得（伯多祿）都得讓他（參考加拉太書 2:12）。

然而，當耶穌在加利利地區四處傳福音時，他的弟弟們沒有人出來陪伴。跟隨耶穌的是一群婦女，是她們提供了耶穌和門徒傳福音時所需要的財物（參考路加福音 8:1-3）。

從這裡可以看出，在人生的很多時候，在身邊陪伴、支持我們的，不一定是家人和親屬。在職場上，同事可能比家人更瞭解我們投注在工作上的心血和努力；在一些緊急時刻，像是遭遇車禍、錢包被偷等，伸出援手的甚至是我們不認識的陌生人，就像耶穌著名的比喻「撒馬利亞人」故事中所描述的那樣。既然如此，我們像關心自己家人那樣地關心他們，不也是理所當然的事嗎？

跨越國界的愛

耶穌問「誰是我的母親？誰是我的兄弟？」之後，下一句是：「凡實行上帝旨意的人，就是我的兄弟、姊妹，和母親。」（馬可福音 3:35）這段話很清楚就是在回應摩西（梅瑟）法律中「要愛自己的鄰人，像愛自己一樣」的教導（參考利未記 19:18）。

愛自己的兄弟姊妹，是責任也是本分；但愛那些不是親屬、沒有血緣關係的人，就需要寬闊的胸襟才能做到。這種無私的愛，並不是生下來就有，而是需要學習。孩子是從父母的身教來學習，學生是從老師身上學習，而為人父母者則可以透過許多宣教師與義工的感人故事，來學習這份可貴的精神。

我想起曾柏彰醫師，他今年才三十三歲，會講台語、華語、法語、英語和一些緬甸語。他會這麼多語言，是因為他參與了「梅道診所」（Mae Tao Clinic）的醫療服務工作，這是非常感人的事。

這間梅道診所位於泰國和緬甸的邊界地區，位置非常偏僻。在一九八八年，緬甸政局動盪，超過十萬的緬甸難民逃難到泰、緬邊界的難民營居住。在這群難民中，有一位辛西雅醫師（Dr. Cynthia Maung），她看到流離失所的難民以及邊境居民無人醫治，便在難民營鄰近的角落開了這間診所，默默地奉獻她的一生。

曾柏彰醫師在加入梅道診所的救治行列之前，曾到西非內陸的國家「布吉納法索」去當替代役，投入醫療服務的工作。那是一個相當貧困的國家，他在那裡不僅要看診，也要到小學去做衛生教育，並且培訓醫療人員。他說自己在那裡學到最重要的一件事，就是「發現自己的傲慢和偏見」。

會有這樣的反省，是從最簡單的抽血工作中學到的，他說：「在台灣，抽血並不困難，因為很容易找到血管。但在非洲，因為膚色深，要找到血管就難很多。尤其是遇到皮膚病的病人，簡直就像戴著墨鏡看皮膚是否紅腫一樣！」碰到這種情況，往往讓他不知所措，份外感到自己的笨拙和不足。

後來他到梅道診所服務時，帶著他在非洲學到的生命功課，知道一定要讓自己放下身段，謙卑地學習。他說：「在這些地方服務，帶給我許多特殊的經驗，也為我帶來許多新的思考，想著人的生命問題。」

說到去非洲行醫，大家一定很快就會想到連加恩醫師，他是虔誠的基督徒，今年四十三歲的他，對非洲醫療與公衛工作的熱衷，可說是十年來如一日。當年，他就是到布吉納法索去當替代役，不到兩年的時間，就在當地幫忙蓋孤兒院、發動各種公益活動，三十歲不到就成為「外交睦誼獎章」最年輕得主，還獲得布吉那法索政府頒發的「騎士勳章」。

在非洲的時候，他發現當地環境髒亂，就和台灣的基督教會合作「撿垃圾換舊衣」活動，號召非洲的小朋友撿垃圾，引起熱烈回響。小朋友撿了一座小山的垃圾，台灣的教會便寄出一箱箱的舊衣到非洲。他陸續發起回收塑膠袋計畫，協助村民們挖掘深井，主動幫忙當地政府蓋孤兒院。後來，他的故事拍成電視劇《45度C天空下》，令許多人感動到不行。

這兩位醫師的愛與奉獻，跨越了國界與種族的限制。我們大多數人因為工作或家庭的關係，可能無法做到像他們那種程度，但我們可以像德蕾莎修女所說的那樣，用最大的愛去做自己所能做最微小的善事。

服務他人的幾種方式

在我們生活的周遭，我們也可以進行各種服務、幫助他人的工作。在進行這種工作的過程中，我們的心靈會如同受到洗滌，也會更加瞭解耶穌所教導的愛人如愛己的精神。

我們可以利用週末時間，選個機構申請當義工（週休二日選一日即可），例如捷運站、火車站、公路車站、大型醫院等，你會發現，那裡有不少盲人、老人、身障者需要幫助。也可以到各種慈善機構詢問，例如未婚媽媽之家、孤兒院、養老院、教養院等等，另外，關心街友的「恩友之家」也是不錯的選擇，在那裡陪伴街友，讓他們知道這個社會有人在關心他們，也傾聽他們述說自己成為街友的原因，讓他們有機會吐露心底的話。

還有一種，是參加慈善機構舉辦的假日活動，就像我受邀去演講時，都會鼓勵大學生利用暑假去台東知本陳俊朗先生所創辦的「孩子的書屋」當義工，陪伴那些家庭失能的孩子，讓他們感覺到「家」的愛與溫暖，有了家庭之愛，這些在失能家庭長大的孩子就能心靈更健全地成長起來。這項工作，由步入中年、五十歲以後的大人來做，比年輕大學生更加合適，因為大學生可以讓這些孩子感受到如同兄弟姊妹的愛，年紀大一點的人（特別是為人父母者）卻能讓他們感受到最缺乏、最渴望的「父母」之愛。

此外，也可以進入原住民的教會推動課業輔導，幫助深山裡的孩子學習更多平常在山裡學不到的知識，以及簡易的現代生活技能等等，更重要的，是幫助他們建立正確的觀念，讓他們在中學畢業、離開部落到都會工作的時候，不會輕易被誘惑而落入陷阱中。

我的教會裡有一位女青年，她曾在高中時，利用暑假到台東關山天主教療養院，去跟修女們學習怎樣照顧一群低收入戶的植物人。她後來考進高雄醫學院的社會醫學系，讀到二年級時，突然想到或許她可以成為一名醫護人員，就像這些修女都有醫護背景一樣，以後她也可以到偏鄉去幫助窮困的人家。因此，她認真準備轉系，也成功了，如今她已經畢業，準備申請到美國去讀醫學。她來拜訪我，說自己的心路歷程和轉變經過，而一切的開端，就是她在修女身邊學習到的「生命之愛」，是那樣地真實、可貴。

這種服務與幫助他人的工作，最大的好處是可以隨著自己的興趣或是專長來做選擇。在做的過程中，很自然地就會想要更加瞭解相關的事，便會主動去蒐集資訊，這樣一來，不但會使自己的知識更豐富，也會因為「學習與服務合一」而讓自己的心靈更上一層樓。

但要注意的是，這樣的服務要做長時間才有意義，否則短時間常更換，容易增添那些慈善機構的麻煩。因為義工在工作之前是需要訓練的，並不是自己想要怎樣做就怎樣做，既然是以服務的心情出發，就盡量不要造成別人的困擾。

很多人在離開職場後，失去了工作的支撐，常會覺得心裡空空的，自己一身專業技能也沒有地方發揮，因而覺得「存在感」和「自我價值感」都降低，造成失落與低潮。其實，這正是學習「生命之愛」的最好時機。退休之後，就可投入更多的時間來做服務的工作，而且退休後不受工作地點的限制，可以去比較遠的偏鄉或區域。剛開始或許不是自己的興趣，也沒有關係，很多時候興趣是接觸之後才逐漸培養起來的。此外，當義工本身就會學習到很多新的知識，這些都不是課本上、職場上能學到的。

在這過程中，我們會得到一個最重要的成就，就是感受到自己是被需要的，這時候就會發覺生命有意義多了。就像投入原住民部落山區醫療服務的邱孟肇醫師，他說自己三十多年來一直在那裡工作，才讓他深切感受到生命的意義與價值。

學習生命之愛，能夠開啟我們的新視野，讓我們的生命煥然一新。或許有人還是對義工服務工作所帶來的神奇「效果」存有疑問，對此我的建議是：做了，就知道了！

問題討論

1. 耶穌說：「你們看，這些人就是我的母親，我的兄弟。」這句話對你有什麼意義？
2. 你曾接受過陌生人的幫助嗎？那帶給你什麼感受？你會因為這樣而願意主動幫助別人嗎？請分享你的經驗和看法。
3. 文中提到，愛那些不是親屬、沒有血緣關係的人，需要後天的學習才能做到。你要如何讓孩子學習到這份可貴的精神？
4. 你曾和孩子分享宣教師或義工的感人故事嗎？本章的幾個例子裡，哪一個最觸動你？請說說你的感受。
5. 你曾想過去當義工服務他人嗎？如果是，你會從哪裡開始著手？

17 真的有天堂或地獄嗎？

我聽見有大聲音從寶座上發出，說：「上帝的家在人間了！他要和人住在一起，而他們要作他的子民。上帝要親自與他們同在，要作他們的上帝。他要擦乾他們每一滴眼淚；不再有死亡，也沒有悲傷、哭泣，或痛苦。以往的事都已經過去了。

——啓示錄21章3－4節

本章的標題，是一個很有意思的問題，而關於天堂以及進入天堂的疑問，許多牧師最喜歡說的，就是「受洗之後，就拿到進天堂的門票」或是「有受洗，才會得救進天堂」。有關天堂的景況，在長老教會的《聖詩》中，第三三六首詩歌〈天城金門〉是這樣寫的：

天頂的城上帝創造，街路攏總鋪金；
彼所在的榮光燦爛，請攏齊聲來吟；
當備辦心，要見上帝，要入天頂城金門，
萬王之王，在彼掌權，照顧天城金門。
世間人啊！啥事；日日閒閒在站？
著靠救主，他的恩極大，你罪過他會赦，
當備辦心，要見上帝，赴福音宴席，
天的米糧，白白賞賜，若反悔就可吃。
今你什麼人心備辦，未齊備可來入天城金門？
當快備辦心，不久到時，要入天頂城金門，
不要互主講：太慢、太慢，要入天頂城金門，
當快備辦心，不久到時，要入天頂城金門。
金門極榮光燦爛，金門極榮光燦爛，
當快備辦心，不久到時，可入天頂城金門。
＊

這首詩歌的歌詞一再重複「天頂城金門」，我年少時期參加詩班時，每次唱這首詩歌，心中都會有各種幻想：這樣的「天堂」到底是怎樣的景況？是否飯粒也都是黃金的？穿的衣服呢？

其實，這首詩歌是引用了新約聖經〈啟示錄〉第廿一章所提到「新耶路撒冷」的景象，一切都是用俗世裡人們認為最珍貴的金銀珠寶鑲造起來的，這些珠寶包括了碧玉、藍寶石、瑪瑙、翡翠、紅紋瑪瑙、紅玉髓、橄欖石、綠玉石、黃玉、紫玉、紫晶、珍珠等，連門都是用珍珠做成的，街道上也都是「純金的，像玻璃一樣的透明」。這樣打造出來的景象，可說是極致的珍貴，幾乎人間看為最高檔的寶物都出現了，大概再也找不到更珍貴之物可以取代了吧！

也因為這樣，有很長一段時間，有些傳道者喜歡在主持告別禮拜時，用這段經文所描述的「天城」之美來安慰喪家，告訴他們不用憂傷，逝者已經去到這麼美麗的天堂，將來有一天，大家也會同樣去到那裡，再次相會。

＊此為長老教會紀念在台灣傳福音百週年（一九六五年）之前的舊版《聖詩》，以台語讀、唱。

聖經中的死亡

對我們來說，真的很難想像這樣的天城是真實存在，但因為聖經有這樣的記載，許多人就深信不疑。很少傳道者會去注意聖經作者這樣寫的用意是什麼。

我曾聽聞一件有趣的事，有位年輕的神學院學生到教會實習，牧師要他帶領小朋友上課。有一天，這位神學生就是引用這段經文，告訴小朋友說天堂真的非常美，街上都是黃金、珠寶，把天堂形容得比迪斯奈樂園更棒、更漂亮。在他講到口沫橫飛、開始得意忘形之際，突然有位國小三年級的小朋友舉手說：「老師，快點帶我們去玩啦！最好下個禮拜天就去，我們回家跟爸媽說下禮拜天我們要去天堂玩，好不好？」

這位神學生一聽，竟然傻了，不知道該怎麼接下去，只好支支吾吾地說：「我跟牧師討論看看，再告訴你們。」其實他根本不敢跟牧師說這件事，直到他自己當了牧師，才在一次講道中談到自己有過這件糗事。明明當時的他很清楚「天堂」並不在人間，是人死後到達的「美麗境界」，但他只顧著告訴小朋友天堂怎樣漂亮，連最基本的意義都沒講清楚。他也從這裡學會，不是任何經文都可以拿來對小朋友講述，而是要依據對象的年齡而有所選擇。

聖經從〈創世記〉開始就已經談到人「會死」這件事，在第二章十六至十七節中，敘述上帝創造美麗的伊甸園、將所造的人安置在園中時，就用很嚴肅的語句命令人說：「園子裡任何果樹的果子你都可以吃，只有那棵能使人辨別善惡的樹所結的果子你絕對不可吃；你吃了，當天一定會死亡。」

人確實記住了這個命令。但到了第三章，出現了最狡猾的誘惑者來告訴人，不要相信上帝的話，因為上帝就是怕人「會像上帝一樣」。果然，在這種誘惑下，人聽了誘惑者魔鬼的話，伸手去摘那棵上帝嚴厲禁止的果樹所結的果子來吃。吃了之後並「沒有死」，卻因此開始發現自己很羞恥，不敢面見上帝而躲藏起來。

因為這種違背上帝禁令的行為，人受到懲罰，被驅離了伊甸園。上帝告訴人說：「你要汗流滿面才吃得飽。你要工作，直到你死，歸於塵土；因為你是用塵土造的，你要還原歸土。」（創世記 3:19）這段經文說出了人會死、會歸還塵土，這也是伊斯蘭教信徒堅持人死後一定要土葬的原因，就是根據聖經這樣的教導，使人死後還原於塵土。

地獄的涵義

雖然人違背了上帝的命令，但並沒有立即死去，被稱為人類始祖的亞當，和妻子夏娃（厄娃）在一百三十歲時生了兒子塞特（舍特），更早時生了該隱（加音）和亞伯（亞伯爾），而亞當共計活了九百三十歲（參考創世記 5:3-5），而夏娃應該也有八百歲吧。

因此，我們可以這樣瞭解，這幾段經文所講的「死」，並不是指人「生物性」的死亡，而在指人害怕看見上帝，因為拒絕聽從生命之主上帝的話，導致關係破壞了，被驅離原本有上帝同在的伊甸園。因此，基督信仰講「死」，是指和上帝之間的靈命關係死了。換成我們熟悉的語言來說，就是指一個人看起來是活的，其實和死了沒有兩樣——我們稱這樣是「行屍走肉」或是說「雖生猶死」。

使徒保羅（保祿）說得好，他說：「罪從一個人進入世界，因著罪，死接踵而來；於是死亡臨到了全人類，因為人人都犯罪。」（羅馬書 5:12）這句「人人都犯罪」並不是指法律上的，法律是要有實際行動才算數。但基督宗教講罪，是用上帝的標準在看，在上帝眼中「沒有一個好人，連一個行善的也沒有」（詩篇 14:1），因為上帝是看人的內心，不是看人的外表（參考撒母耳／撒慕爾記上 16:7）。

既然講到人與上帝的關係破壞了，接著就是講述關係出現裂痕之後所帶來的痛苦，這種痛苦的生命現象很多，最常見的就是遭遇極大的災難。這很容易歸因於上帝對人類犯罪的一種懲罰，就像先知耶利米（耶肋米亞）一再指出的，上帝會用「戰爭、飢餓、瘟疫」等方式來懲罰悖逆祂旨意的人（參考耶利米書 14:12、24:10、27:8、29:18、34:17）。

通常，人們也會用另一種名詞來形容這種痛苦，就是大家所熟悉的「地獄」、「煉獄」、「陰間」或是「深淵之處」。〈啟示錄〉二十章一至三節中，說到上帝的天使會把作惡如魔鬼的人關入深淵中，加上封印，而且這一關就是永遠（聖經用「千年」來代表，意思是指「永遠」）。耶穌的比喻中也提到一位大財主，天天過著奢華的日子，根本不遵守上帝的教導。因此，他死後被罰到「陰間」，在那裡「痛苦極了」，連一滴清涼一下舌頭的水都求不到。

有陰間、地獄，就會有「天堂」、「天城」、「新耶路撒冷」等名詞來對應；就像有「死」，就會有「永生」的觀念出現。而「永生」就是表示與上帝的關係緊密連結在一起，也就是耶穌所說的「永恆的生命」之意。

永恆的生命

在基督宗教信仰中，以耶穌談到「永恆的生命」問題最豐富。有好幾次，猶太人的領袖、宗教師來問他，要怎樣做才能得到「永恆的生命」？耶穌告訴那位擁有財富的年輕社會領袖，去變賣所有財產來賙濟窮人，就會有財寶積存在天上，之後再來跟隨他（參考馬可福音 10:21）。

對那位宗教師，耶穌則是說，去愛你雙眼看見、已經陷入苦難的人，不論這個人是誰，去疼愛他就是了。為了向這位宗教師說明真實的疼愛，耶穌說了著名的「好撒馬利亞人的故事」（參考路加福音 10:30-37）。這個故事影響深遠，時至今日，在法國許多鄉村的修道院，旁邊都會有一間醫院，提供給這修院的修士學習去照顧病人。

耶穌說過這樣的話：「我就是復活，就是生命，信我的人，雖然死了，仍然要活著；活著信我的人一定永遠不死。」（約翰福音 11:25-26）要注意的是，當耶穌說「永遠不死」時，並不表示信他的人永遠不會「死」——也就是說，在生物性的層面上還是會死。他講的「永遠不死」，是指心靈生命的永遠存活，活在和上帝和好的關係中。

就像那位與耶穌同時釘在十字架上的死囚，在臨終前，他請求耶穌記得他，耶穌便應許他說：「我告訴你，今天你要跟我一起在樂園裡。」（路加福音 23:43）這裡的「樂園」其實就是指獲得「永恆的生命」。換句話說，在基督宗教信仰的認知中，人的生命若是和耶穌連結，就會有「永恆的生命」。

〈約翰福音〉三章十六節這樣說：「上帝那麼愛世人，甚至賜下他的獨子，要使所有信他的人不致滅亡，反得永恆的生命。」這種「永恆的生命」就是使徒保羅所說的，一種和上帝重新建構的「合宜的關係」，他說：「因為人人都犯罪，虧欠了上帝的榮耀。然而，上帝白白地賜恩典，藉著基督耶穌救贖他們，使他們跟他有合宜的關係。」（羅馬書 3:23-24）

使徒保羅在寫給哥林多（格林多）教會的書信中，特別提到當地教會一再討論關於復活的問題。他就這樣說：「基督若沒有復活，你們的信仰就是幻想，你們仍然迷失在罪中。這樣的話，死了的基督徒就都算滅亡了。」後來他又補了一句：「如果我們信基督的人只在今生有希望，我們就比世界上任何人更可憐了。」（哥林多前書 15:16-19）

因此，我們可以這樣瞭解：基督宗教信仰就是建構在耶穌復活的基礎上。也因為這樣，基督宗教不談「死」，而是談生命的「復活」。有復活，就沒有陰間、地獄、深淵這種問題。復活，就是永恆的生命。有復活生命的人，對死亡就不會再有恐懼。

而人的復活，可以從兩種層面來理解：一是修復了和上帝之間的關係，活在上帝的國度裡；二是改變為「新造的人」，跟過去不一樣，現在是向善的生命。由此可知，生命的問題，必然和信仰連結在一起。有良好的信仰，就會清楚知道：人都會死，但只要跟上帝有合宜的關係，就有永恆的生命等待著。

問題討論

1. 你相信天堂與地獄是真實存在的嗎？理由何在？
2. 在接觸聖經之前，你對「天堂」與「地獄」的認知是怎樣的？看完本章之後，你的想法有了什麼改變？
3. 除了本章提到的，你能在聖經中找到更多描述天堂、地獄的經文嗎？請提出來和大家討論。
4. 盧牧師說，聖經所講的「死」並不是指「生物性」的死亡，而是和上帝之間的靈命關係死了。這對你來說有什麼意義？
5. 基督宗教不談死，而是談生命的復活。在你面對困境或苦難時，這能為你帶來力量與盼望嗎？

18 受洗，不是保證上天堂的門票

基督差遣我不是為了施洗，而是要我傳福音，不用智慧的言論，免得基督在十字架上的死失去了效力。——哥林多前書1章17節

不只在醫院經常遇到病人或家屬請我為病人施洗，我在教會牧會時，也經常遇到有人說想要受洗。每當遇到這種請求，我都會問這個問題：「為什麼要受洗？」我會這樣問，是因為身為傳道者，這是非常基本的責任，必須瞭解對方想要接受洗禮的原因。

在醫院時，不時有病人這樣問我：「牧師，我沒有受洗，是否能上天堂？」或是「我小時候有受洗，可是長大後離開教會，沒有接受『堅信禮』＊，這樣可以上天堂嗎？」還有一個最常被問的問題是：「牧師，我離開教會已經三、四十年了，

上帝是否還認識我？這樣，我會得救嗎？」

類似這種「能不能得救、可不可以上天堂」的問題，可說是族繁不及備載。一般來說，很多傳道者會告訴信徒：只要有受洗，就是拿到進入天堂的憑據（門票）。若是沒有受洗，就不是基督徒，而沒有信耶穌的人，就不能進入天堂或是得救。有些教會的傳道者，只要聽到有人說要受洗，就馬上給予施洗，也不管洗禮在基督宗教信仰上表明的是一種「生命之約」，是需要嚴肅看待的，只希望自己為更多人施洗。這樣的傳道者是很不負責任的。

我就曾拒絕一位請求我為他施洗的病人。我會拒絕，是因為我認為這位病人對基督宗教信仰的基礎認知還不夠，需要再過一段時間。在我拒絕後，這位病人非常生氣，他問我：「牧師，你告訴我，你為多少人施洗過？」我說：「很少。」他立刻回說：「我就知道，連我要給你施洗，你都說這種話，可見你的『業績』不好。我要給你施洗，是為了你好，讓你有好『業績』，你竟然還拒絕我！」

＊信徒小時候受洗時，是父母帶著他去接受洗禮，等他長大、有獨自決定事情的能力時，要再請教會牧師為他舉行的確信禮儀，便是堅信禮。

他越說越生氣，又繼續說：「我們在公司工作，都要用『業績』來考核每個員工，像我這樣當經理的，也有董事會來考核。『業績』不好，就會降薪或解雇。」我聽完只笑了笑，回答他說：「謝謝，我確實『業績』不好，你可以向教會反映，沒有關係的。我獻身當傳道者，是將傳福音當作『使命』，不是當作『職業』。」

我想起使徒保羅說的話：「基督差遣我不是為了施洗，而是要我傳福音，不用智慧的言論，免得基督在十字架上的死失去了效力。」（哥林多前書 1:17）我常用這段話來提醒自己，不要用商業眼光把施洗的事當成「業績」來看待，更不能把「為多少人施洗」當作傳道者的指標。也因為這樣，從牧會開始到退休，我甚少鼓勵信徒來受洗。

生命之約

在醫院工作十多年，我常遇到病患的家屬來請求我，替病況危急的親人施洗。這種情況通常是妻子為陷入昏迷的丈夫請求，理由很有趣：「牧師，我已經受洗，但我丈夫還沒有，將來死後，我上天堂，他下地獄，怎麼辦？」我通常會回答這妻子說：「你怎麼知道丈夫會下地獄？」我只差沒有問她：「你怎麼知道自己一定會上天堂？」

也常發生一種情況，就是兒女當中有一人信耶穌，其餘的人沒有。這位信耶穌的子女會一再拜託我趕緊替病危的父母施洗。他們認為這樣父母才能上天堂，而且等父母去世時，就可以採用基督教禮拜的儀式，而不用民間宗教的喪禮。兄弟姊妹為這種事吵架的例子一再發生，這和「施洗等於得救進天堂」這種不正確的教導有密切關係。

長久以來，教會總是喜歡用多少人「受洗」來看傳道者的能力，這點我沒有意見。但我很清楚一件事：洗禮，在基督教會被視為一種「聖禮」，因為這項禮儀和上帝有直接關係，這是一種生命之約。就像以色列人將「割禮」看成和上帝立約一樣，是一種「分別為聖」的記號。這句「分別為聖」的意思，是指從萬民當中區分出來，和其他民族不一樣。

因此，一個人受洗，或是一個傳道者為人施洗，若沒有用神聖、嚴肅的態度看待，就很可能會成為一種廉價的禮儀，跟生命「分別」出來成為神聖的記號也沒有關係。這種「生命之約」，用俗話說就是「發誓」，不論哪個民族或宗教，發誓都是要面對神明才有效，是以上帝當作發誓的保證人。因此，若沒有出自內心、用真誠的態度發誓，那等於是在羞辱自己所信的神一樣。

虛假的發誓，若被神明追究起來，後果恐怕不堪設想。這也是為什麼摩西會告訴以色列人說：「有人向上主許願，或是發誓守戒，都不可失信，一定要照著他所說的去做。」（民數記／戶籍紀 30:2）耶穌也曾告誡當時的猶太人，不要輕易發誓，與其時常發誓，倒不如說話算話：「是，就說是，不是，就說不是；再多說便是出於那邪惡者。」（馬太福音 5:37）

由此可見，上帝看的是人的內心，而非是否有受割禮。就像上帝透過先知耶利米所說的，如果一個人心靈沒有與上帝連結，只有表皮的割禮，那樣的割禮並沒有意義。使徒保羅也說過：「受割禮或是不受割禮都算不了什麼；重要的是我們要成為新造的人。」（加拉太書 6:15）所謂「新造的人」，就是一種新的生命觀，特別是對生命的價值觀，要與過去完全不一樣才有意義。

從內心悔改開始

新約時代，最早喊出要大家接受洗禮的，就是施洗約翰（洗者若望）；他在約旦河邊對著群眾大聲呼喊：「你們要悔改，接受洗禮，上帝就赦免你們的罪。」（馬可福音 1:4）這對當時的猶太人來說，是非常刺激又響亮的呼聲。這也傳達了一件事：有割禮而沒有悔改，就等於先知耶利米所說的「只有表皮的割禮，心靈沒有受割禮」。

施洗約翰的呼籲一出，讓當時的猶太宗教當局相當不滿。因為在他們的觀點中，只有外族人要歸化成猶太人，或是猶太人從某種法律上看為不潔淨的疾病中得到痊癒後，才需要這種象徵「潔淨」禮儀的洗禮。可是，施洗約翰卻呼籲民眾用真誠的態度接受洗禮，藉此表示悔改；連一些猶太人宗教領袖（法利賽人和撒都該人）也跟著走入約旦河，請求施洗約翰為他們施行洗禮（參考馬太福音 3:7），因為他們雖然是受過割禮的正宗猶太人，也知道自己必須要悔改。

施洗約翰提出嚴厲的警語：**若是沒有悔改，任何人都無法逃避上帝的審判**。這就清楚說明了一件事：最重要的是從內心真誠地悔改認罪，才能使人獲得上帝的寬恕與赦免，而不是透過某種宗教禮儀。

當耶穌復活後，他的門徒們在聖靈感動下，勇敢地向群眾大聲疾呼，要大家「悔改」，特別是彼得這樣說道：「你們每一個人都要悔改，並且要奉耶穌基督的名受洗，好使你們的罪得到赦免，你們就會領受上帝所賜的聖靈。」（使徒行傳 2:38）整個信息的中心，並不是受洗，而是悔改。

這也是耶穌接續了施洗約翰、出來傳福音時，向群眾呼籲「你們要悔改，信從福音」（馬可福音 1:15）的同一個信息。也可以說，整本聖經的中心信息就是「悔改」歸向上帝，遵行上帝的旨意去行，而上帝的旨意只有一句話——愛。有愛的地方才能見證上帝的同在，因為上帝就是愛（約翰一書 4:16）。

因此，在我的看法裡，隨便為人舉行洗禮，就是對「發誓」的態度太輕浮，往嚴重一點來看，等於是在輕慢上帝的神聖，或是把上帝救贖的恩典給過度廉價化了，這是非常要不得的事。

我會這樣說，是因為「悔改」與「得救」是一體的兩面。但誰會知道一個人的內心是否有悔改呢？只有上帝才知道。因此，一個人要受洗，第一要件就是從內心悔改開始。這樣一來，當他在受洗時，就是在對上帝發誓、表白：「我是個罪人，我要悔改，懇求上帝透過洗禮赦免我。」

只有上帝才知道這個接受洗禮的人內心是否真有悔改，傳道者根本看不出來。也就是說，一個人「能不能得救、上天堂」，並不是由傳道者施行的洗禮來決定，而是上帝來決定。這是上帝的主權，這點認識是非常重要的。當一個傳道者說「受洗，等於拿到進入天堂的門票」或是「受洗，才會得救」，都是僭越上帝的主權。

其中的原因，聖經也教導得非常清楚了：因為所有的人都是罪人。宗教師也是，不會比較聖潔。既然如此，由罪人舉行的宗教禮儀（洗禮、堅信禮等）怎能使人成為沒有罪的人而得救呢？那是不可能的事！若有一個基督教的宗教師說「沒有受洗就不能進天堂」，我擔心這位宗教師犯了一個很危險的錯誤——想要取代上帝的角色，甚至在替上帝決定他人的生命大事，這才是真正危險的事！

一個人能否得救、能否進入天堂，並不是任何禮儀或宗教師可以決定的。因為這種權柄不是在宗教師手中，也不會在教會中，而是在上帝手中。沒有任何宗教師可透過舉行禮儀來取代上帝救贖的恩典。

耶穌曾經這樣教導他的門徒和跟隨他的人：「不是每一個稱呼我『主啊，主啊』的人都能進天國；只有實行我天父旨意的才能進去。在末日來臨的時候，許多人要對我說：『主啊，主啊，我們曾奉你的名傳上帝的信息，也曾奉你的名趕許多鬼，行許多神蹟。』那時候，我要公然地告訴他們：『我從不認識你們；你們這些作惡的，走開吧！』」（馬太福音 7:21-23）

請注意，耶穌說「只有實行我天父旨意的才能進天國」，這句話很清楚地表示，即使受了洗，若是沒有遵行上帝的旨意，也是一樣不能進天國；即使有些人具有奇異能力，能醫病趕鬼，也不表示這樣的人一定是上帝的忠心僕人。更可能的情況，是這種人往往用這種特殊能力對自己進行「偶像化」，這種人才是耶穌所指責的「作惡的人」啊！

「天堂」與「天國」

今天的基督教會仍然會繼續講究「洗禮」，因為這是使一間教會成為一個信仰團契的方式。就好像一個社團組織，要辦理加入組織的手續，而這手續會附帶某些條件，審核通過後，才能成為社團組織的成員。教會也是一樣，就是透過洗禮的方式來確認哪些會友屬於「正式會員」，然後才能被推選為會員代表，參與教會決策的事務。而絕大多數的教會也是透過洗禮，才可以領受「聖餐」。

因此，我們應該這樣來看待洗禮，當一個人表示要接受洗禮時，就是在公開表示：「從現在起，我要學習當一個耶穌的信徒，跟從他的腳步走天路。我祈求上帝寬恕、赦免我的罪，扶持幫助我，不再像過去那樣經常犯罪，使我能夠成為一個有新樣式、新的生命價值觀和態度的人。」

也就是說，接受洗禮是成為耶穌信徒的第一步，而不是已經得救。因為受洗過的人也會繼續犯罪，有許多資深信徒犯罪更嚴重，連神職人員也不例外，不是嗎？因此，受洗是在公開表明：「我願意學習耶穌的樣式，一生一世永不改變這項誓約。」

再者，「天堂」和「天國」是完全不相同的境界；天堂，是指一個美麗的境界，在那裡，沒有人世間的憂愁、煩惱和痛苦，如同進入伊甸園一樣，充滿著喜樂。因此，一般宗教師會說當好人、做善事，累積足夠功德的人才能進天堂。而有天堂，相對的就有地獄或是煉獄，這是屬於邪惡的人，專做壞事、殘害別人的人必定會去的地方。

天堂與地獄是任何宗教都會提到的兩個境界，但基督宗教所說的「天國」不是這種領域。天國和「上帝國」是完全相同的意思，是指上帝在管理、掌權的地方。一個人的生命若是以上帝為中心，遵行上帝的旨意做事，這個人就是屬於上帝國或天國的子民；一間教會若是以上帝的旨意為中心，不是某人說了算，而是大家都會遵照聖經的教導去做事，這樣的教會就是屬於「上帝國、天國」的教會。延伸出來，一個民族、國家、世界也是這樣。

所以，當一個人確信自己要一生一世跟隨耶穌，並且真心地確信，這個人就是耶穌的信徒，就是屬於天國的子民，這樣就夠了。有沒有洗禮，已經不是最重要的事了。

問題討論

1. 你接受過洗禮嗎？你覺得洗禮對你的最大意義是什麼？你在受洗前和受洗後有什麼改變？
2. 你是否曾擔心自己的父母「沒有受洗，就不能上天堂」？看完這一章後，你的想法有什麼不同？請分享你的經驗。
3. 把受洗人數當成傳道者的「業績」，似乎是不少人的想法，你怎麼看待這件事？
4. 文中提到，最重要的是從內心真誠地悔改認罪，才能使人獲得上帝的寬恕與赦免，而不是透過某種宗教禮儀。你認同這樣的說法嗎？為什麼？
5. 你知道「天堂」和「天國」是不一樣的境界嗎？你是否能在聖經中找到關於兩者的描述？請提出來和大家分享。

Part 3

人生最重要的一門課

19

安然面對生命終結的力量

我們到這世界，沒有帶來甚麼；我們又能從這世界帶走甚麼呢？如果我們有得吃，有得穿，就該知足。那些想發財的人是掉在誘惑裡，被許多無知和有害的慾望抓住，終於沉沒毀滅了。貪財是萬惡的根源。有些人因貪慕錢財而背離了信仰，飽嘗痛苦，心靈破碎。

——提摩太前書6章7–10節

我知道有人看到前面這段經文會有「排斥感」，覺得古板教條、甚至是危言聳聽，可是我卻一再看見這段話在我工作的場合中出現、應驗。因此，每當我受邀去演講有關生命的議題時，我都會強調這段話，也會舉出我親眼看見的許多實例，而且這種例子絕不是少數特例，而是屢見不鮮。

我會有這樣的看法，是因為在教會牧會的工作中，我經常會去探訪那些因為年紀大了，身體不能自主活動的信徒，也有不少是長期臥病在床的。很多時候，他們都會跟我這樣說：「牧師，你有沒有替我禱告？」我便回答：「有啊。」

會這樣問我的人，有不少都是身家殷實，特別是一些人，他們擁有萬貫財富，卻發現家人、親族為了他們的財富爭執不休，而他們自己為了治病已經耗去許多家產，結果不但沒有起色，病情反而一天比一天沉重。這樣的人，希望我為他們祈禱的意願就更加強烈。

牧會工作的重要功課之一，就是每天手上都有一張代禱名單，上面通常有十多位、甚至更多的兄姊需要代禱和關心。雖然不能逐一為所有人的需要向上帝禱告，但我每天至少會固定為三、四個兄姊代禱，也會為了各種需要關心的事項向上帝祈禱，例如某處發生的災害、歡慶的事、教會特別工作等等。

因此，當會友問我有沒有為他向上帝祈禱，我都會斬釘截鐵地回答「有」，這是毫無疑問的。可是當我說「有」的時候，竟然常常遇到會友接著問說：「你是怎樣向上帝說的？」坦白說，會友這樣反問，會讓我有種不舒服的感覺，好像會友在懷疑我的祈禱有問題的樣子。

於是我反問回去：「怎樣？有什麼問題嗎？」會友繼續問：「我想知道你是怎樣向上帝說的。我想你一定說錯了，要不然我怎麼還躺在這裡？」

一開始聽到會友這樣問，都會讓我感到相當奇怪。但當類似的問題多出現幾次之後，就知道了原來他們是希望我向上帝祈求，讓他們早些結束世上的生命，回到「天家」去。

會問我「有沒有」為他代禱的會友，大部分都已經在床鋪上躺臥多年，有的是行動不便，也有不少是百病纏身。他們覺得活在世上的日子很痛苦，也知道自己已經無法復原，因此可以想像的是，他們並不希望我替他們祈求上帝醫治他們，而是希望能夠早些離開這個世界。

他們會提出這樣的請求，是因為他們認為，已經臥床這樣久了，若是神真的垂聽了他們的祈禱（或是有垂聽牧師的代禱），他們早就已經獲得醫治、可以起來活動了，然而卻是事與願違。因此，他們不再要求牧師為他們向上帝祈求醫治，而是希望早日帶他們回天家去。他們認為這樣可以減輕自己的痛苦，也不用再連累照顧他的家人跟著受苦。

申請天堂的簽證

這使我想起一九七二年，我還在台南神學院就讀時，有一位要好同學的父親，是長老教會裡很受尊重的傳道者。他也是因病而臥床了好幾年。

有一天，我跟這位同學去他家探望這位父執輩的傳道者，我們聊了一下，就看到他面露微笑，以帶著感嘆的口氣輕聲地說：「唉，天堂的簽證很難申請。我已經申請三年了，還是沒有獲得上帝批准。不知道還要等多久才會獲得許可？」

我聽了之後，語帶安慰地跟這位牧長說：「這表示上帝還要用您，要您留下來繼續傳福音的工作啊！」

他卻說：「不，我知道自己是個罪人，但上帝疼愛我，遠比我愛祂更多。我知道上帝很快就會帶我回去天家，祂留下這段時間，是要讓那些從國內外趕回來看我的人，都能看見我最後一面。我都看見了，便可以安心等候上帝召我回去了。」

第一次聽到這樣的話，確實讓當時的我感到相當震驚。一個身體虛弱、連講話都會喘的牧長，面對生命的終結即將來臨，他臉上的表情卻是非常平靜，神色自若，與人談笑自如，看起來一點憂慮也沒有。

我還記得當晚回到宿舍，幾乎整晚沒有睡覺，一直在想這位長輩所說的話。我一整晚都在想這個問題：為什麼他能有這樣的態度和說法？

後來，我和這位同學談到他父親所說的這段話，他才告訴我，他父親小時候家裡很窮，有一年下大雨，大水把他家的竹茅房子給沖走，雖然他父親那時去教會幫忙而保住了性命，家裡卻因此變得一無所有，幸好教會傳道者收留了他們。那次的經驗，使他父親決定將來要進入神學院，獻身當傳道。也因為他出身貧寒、有被教會照顧的經驗，因此他在牧會時，特別關照貧困的會友，也時時留意會友鄰近窮困家庭的需要。

這位同學說，他們家裡只要有多出一點點的食物，一定會分給有需要的家庭，他父親也會設法尋找獎助金給貧困家庭的孩子讀書、買衣服、支付生活所需，因為他自己從小學到中學的所有費用都是教會會友幫助的。

他父親一再告訴他們兄弟姊妹：「家裡夠用就好，還有比我們更需要的人。」

也因為他父母這樣的愛心，後來這些受幫助的孩子長大了，改善自家的生活後，他們的父母也都懷著感恩之心，經常和孩子一同來探望我同學的父親。打從他父親身體虛弱開始，就經常有過去受他父親幫助的會友來訪視、陪伴。

我的同學說，他父親給他們兄弟姊妹的教導很簡單：一是知道分享上帝的愛，二是知道感恩，這是信仰中最重要的兩件事。他父親將上帝的愛用來分享給需要幫助的人，也用這種方式來表達他對上帝留下他和家人性命的感恩。

我的同學還說，他父親每次對教會小朋友講故事，都會說耶穌是窮人的朋友。也因為這樣，我同學從小就有個習慣，每年聖誕節來到，他們兄弟姊妹就聚在父親面前，把這一年來儲存在竹筒裡的銅板倒出來，全家一起討論這些錢要幫助誰。決定好要幫助的對象後（通常都是學校的同學），便由他父親把錢拿給學校老師轉交。長久以來，學校老師都以為那是教會提供的幫助，其實是他們兄弟姊妹存起來的零用錢。

他父親更告訴他們，有確實去實踐上帝旨意的人，心中便常懷安寧，自然會生出一股力量，能夠安然面對生命中的種種風浪，當生命的終結來臨時，也可以安心，因為我們有依照聖經的教導去愛窮苦的人。

從我同學的父親這件事開始，我逐漸瞭解使徒保羅所說的：「我在各種事上給你們留下榜樣，告訴你們應該這樣勤勞工作來幫助軟弱的人。要記得主耶穌親自說過的話：『施比受更為有福。』」（使徒行傳 20:35）這段話確實是可信的。我也從這裡學習到一種新的生命態度：在生命旅途中，使我們面對生命終結來臨而不會懼怕的原因，就是知足與分享，並且伸出我們的手，幫助那些需要幫助的人。而這也成為我後來牧會工作中經常努力的一件事。

問題討論

1. 盧牧師說本章開頭的那段經文，有人聽了會有「排斥感」，你認為他們為什麼會有排斥感？你自己的感覺又是如何？
2. 文中這位父執輩傳道者的話，對你有什麼啟發？你認為他為什麼能有這樣的態度和說法？

3. 你身邊有長年臥床或行動不便的長輩或親人嗎？他們的狀況與心態是否帶給你一些省思和感觸？

4. 同樣面對生命的終結，有人痛苦萬分、一心只求解脫，有人卻是心情平靜、談笑自如。你認為兩者的差別是什麼原因造成的？可以做些什麼來達到安然面對的心境？

5. 你曾經在生活中伸出雙手，幫助那些有需要的人嗎？請說說你關於「知足」與「分享」的經驗。

20 寫給孩子與自己的最後一封信

傳道者尋求激勵人心的話，忠實地把真誠的話寫下來……我們所做的一切，或善或惡，連最隱密的事，上帝都要審判。

——傳道書12章10、14節

在台灣，幾乎所有醫院的病房都裝設了有線電視，讓病人可以選台看。如果住院的時候剛好遇到選舉期間，病人在電視上看到選情激烈，或是發現自己支持的候選人陷入困境，就會心跳加快、血壓飆高，護理人員要趕緊告訴主治醫師，開出藥單給病人服用，才能及時把血壓降下來，以免發生危險。

其實，那藥是不必要的，只要關掉電視，等些時候血壓就會降下來了。可惜的是，即使是所謂的教學醫院，也沒有重視傳播媒體帶來的影響，而是放任第四台入侵醫院病房，這是令人十分無奈的事。

在醫院探訪病人時，我常對住院病人說：不要看電視，也不要一直滑手機，這樣不但可以讓自己多休息，也會多出很多空閒，不利用這段時間省思一些平常沒機會思考的事，不是很可惜嗎？特別是那些過去纏繞在內心深處的遺憾與創傷，趁這個機會好好整理一番，以後才有修復和療癒的可能。

當然，這種事情不是生病、住院了才可以做，任何時候都可以開始。若要問我的意見，我認為「中年以後」或「臨近退休」都是很好的時間點，因為在那之前我們為了工作、家庭、孩子而忙碌，甚少有時間停下來思考自己的事，等到孩子大了、自己也即將從職場退下來，就可以把我們人生的上半場做個回顧和整理，以便更好地迎接人生下半場。

我認為最好的做法，就是把自己從有記憶以來還記得住的事，都慢慢回想一遍。不管那些事是否確切，可能印象和事實之間已經有了一些差距，也沒有關係。將自己有印象的事都回顧完之後，把這些事逐一寫下來，即使是片片斷斷的也可以，因為這不是在寫傳記，而是讓自己留下一些可貴的生命回憶。

母親的心情筆記

有一個母親因為癌症末期而入院治療。在得知自己日子不多之後，我告訴她，可以趁著手腳、思路都還清楚時，寫下自己的心思，特別是她想要給孩子知道的事。於是，這個母親用一本筆記簿，寫下了自己的心路歷程，並把它放在病床的枕頭下。她離開之後，她的孩子在整理病房的物品時，發現了母親所留下的最後一封長信，寫了滿滿一本筆記簿。

他翻閱其中幾頁，眼淚隨即湧出，一路看下去，幾乎哭到不能自己。後來，他將其中幾段文字印在告別禮拜的程序表中，作為留念。這位母親這樣寫著：

盧牧師要我將心裡想到的事寫下來，我覺得很有意思。正準備要寫的時候，我的孩子剛好從學校下課來病房看我。

從這孩子小時候，我就會在他睡覺前讀故事書給他聽，沒有讀，他就睡不著，會一直吵。年紀小的時候，都是讀繪本，上了國小，我開始讀童話書，每讀完一篇，他都要我在那篇故事放一張書籤，他要自己再讀一次。每天晚上讀完，跟孩子說「晚安」之後，我會低頭在他的臉頰上輕吻一下。

他讀國小一年級的一個晚上，我照樣讀完一篇故事，夾好書籤，跟他說「晚安」，也照例在他臉頰上輕吻一下，沒有想到他竟然用手在臉上擦了擦，這樣的反應讓我嚇了一跳。我心裡這樣想著：是不是自己有口臭，才使原本很乖順的孩子聞到臭味而不喜歡？其實我知道，應該不是，而是他自己覺得長大了……

今天孩子照往例，下課後騎著摩托車來看我。他知道我越來越虛弱。他在我耳邊輕輕地問說：「媽媽，要不要起來走一走？」其實，我已經沒有力氣走路，他沒有來，我幾乎都是躺在床鋪上。

我跟孩子說：「好，可是我可能無法走喔。」孩子竟然回說：「沒問題，我扶著你。」他伸手要扶我起來時，有一股奇異的暖流從我的脖子竄流到我全身，我突然感覺自己好像很有力道的樣子。我站著，孩子要拿走路輔助器給我，我竟然跟他說「不用」。就這樣，孩子攙扶著我，我的另一支手扶著點滴架，雖然是舉步維艱，卻因為孩子雙手攙扶著我，讓我感覺全身都有熱騰騰的暖流在到處流竄著。

只走了半圈護理站，孩子就發現我喘得很厲害，便問說：「媽，是不是很喘？要不要回病房休息？」我說「好」，於是我們慢慢地走回病房。我正要躺回去時，孩子突然用他的雙手抱著我躺上床，我有一種從來沒有過的溫暖和滿足感。

孩子坐在床邊，我假裝要睡覺，其實是眼睛半閉偷瞄著他。他也知道我沒有睡，過了一陣子，他在我耳邊輕聲說：「媽，我去上課，下課後會回來陪你。」我說「好」並且提醒他騎車要小心些，他回說：「知道，不用擔心。」就在這時，他突然低下頭，在我臉頰上輕輕地吻了一下。

哇，怎麼了？這是第一次耶！入院這麼久，這是第一次換他吻了我。我好滿足，滿足到那天一直想要把他給我的那吻留著，不要擦掉，也不想洗臉。

這孩子辦完母親的告別式後，拿了一份印有她母親心情筆記的程序表，專程到醫院來找我。他紅著眼眶，忍住淚水跟我說：「盧牧師，真謝謝您，若我知道媽媽這些心裡的話，我一定每天晚上都要親吻她一下。現在說這些都太遲了，但還是要謝謝您，讓我媽媽留下非常珍貴的回憶。」

給女兒的信

除了寫下想對孩子說的話以及自己的生命回憶之外，我也會跟病人建議，把看電視的時間用來寫下自己住院時聽到、看到以及親身體驗到的事，一定很有幫助。例如，寫下醫生來查房時怎樣解說你的病情、護理人員的態度如何，或是記下自己每天的身體感受與心情變化等，或許哪一天就可以作為治療上的參考，或是留給孩子分享自己的心路歷程。

有一位姊妹因為胰臟癌而入院，一開始主治醫師就清楚地告訴她，她可能只有四個月到半年的時間，若是她覺得身體狀況還可以，可利用機會回家處理一些事。這位姊妹知道後，決定遵照醫生的囑咐，趁著身體狀況比較穩定時，趕緊回鄉去把該處理的事都處理完、該見面的親友也都見完，才回醫院繼續接受治療。

她也依照我的建議，每天將醫生告訴她的話都逐一寫下來，有趣的是，每天有三班護理人員，她把每個護理人員的名字、做了什麼、講了什麼也都記下來了。從每天的記錄中，她注意到有兩個護理人員都會跟她多聊天，和她相處就像真正的母女一般，她很想撮合自己單身的兒子與其中一位護理人員，可惜每次兒子的探視時間都與她們兩位錯過。

某一天開始，她覺得疼痛有些異常，而且越來越愛睏，第一個反應就是「剩下的時間已經不多了」。於是她告訴這兩位護理人員，希望自己去世時，她們兩人剛好都在值班。她們聽了就說：「請放心，即使我們沒有值班，也會請同事通知我們，我們會趕過來的。」

那次之後，兩個護理人員一有空就過來探望她，也會替她擦拭身體。就這樣，沒過多久時間，在一個晚上大約快十二點時，這位姊妹離開了。說也巧合，這兩個護理人員那時竟然真的都在值班。兩人聽到消息趕緊跑過去，並且幫這位姊妹的兒子女兒一起替母親潔身、更換衣服、梳妝等，讓這位姊妹的兒女看了相當感動。

就在她們一起替這位姊妹潔身時，發現這位姊妹的枕頭下塞了一本筆記簿，女兒翻閱一下，發現母親幾乎每天都寫到這兩位護理人員如何來探視她、為她額外所做的許多事，讓女兒深受感動。筆記簿裡有一句是這樣子寫的：「如果阿凱能娶到她們兩個當中的一個，我就滿足了。」

女兒在兩位護理人員的陪同下，將母親遺體送到太平間。之後，她將母親所寫的日記翻給兩位護理人員看，當她們看到上面這句話時，忍不住流下了眼淚。她們說，與這位姊妹的相處，讓她們第一次親身體驗到「視病如親」這句話的意義。

還有一位在國中教數學的女老師，也因為癌末住院，進進出出醫院多次。她聽了我的鼓勵，就開始用平版電腦寫下給四歲女兒的信。

她一共寫了十六封信，是依照女兒每年生日的順序而寫的，她每次要寫一封，就開始想像女兒當時是幾歲了，應該會有怎樣的情景，包括會喜歡什麼玩偶、吃什麼、穿什麼等等。這讓她即使在身體狀況最脆弱的時刻，看起來也依然精神抖擻，更重要的是她忘了自己即將臨終，她說：「因為寫信時要想像女兒的發育、成長，我竟然都沒有想到『死』這件事。」

當這些信都寫好後，她告訴先生，在每年女兒生日時，就把她依照年齡所寫的信印出來給女兒看。她也寫信給她先生，並且當著我的面告訴她先生，一定要等她走了才可以打開信件。她的先生舉起右手發誓：「絕對遵守這個諾言。」

一個月後，這位女老師安息了。她先生跟我說：「謝謝盧牧師，還好有你幫助我太太將注意力放在寫信的事上，否則她總是無法放下心來。」

對自己生命的反省

上述幾個例子，讓我們知道了記錄自己的生命、寫信給家人親友的重要。然而，寫給自己也是同樣重要的。在所有生命回憶的記錄中，我認為最美好的，就是寫下對自己生命的反省。

這一生中，我們或多或少會做出一些當時並不覺得有錯，但年紀大了之後（或是知道反省以後）就會發現自己做錯了的事情。這些事不一定是什麼很大的壞事，但可能對別人有所虧欠，因此，將這些反省的事都寫下來，對療癒心靈的傷口是相當有幫助的。因為寫下來的這些，兒女們一定會看見，也會幫忙傳達。

我知道有一位母親，就寫下了給三個兒女的心裡話，當中有一段是寫給大女兒，內容是這樣子的：

孩子，對你，媽媽真的非常抱歉，當年你愛上這個男孩子，可是我就是感覺很奇怪，看了就不是很喜歡。你要我說出不喜歡的理由，我卻只能說「就是不喜歡」，因為這樣，你也賭了一口氣，還搬離家裡自己到外面去租屋，決定此生不婚。不論任何親友來介紹，不婚就是不婚！

因為自己錯誤的感覺，結果害你終生單身，這是我這一生無法原諒自己的過錯，可是我又沒有勇氣在你面前說「對不起，我錯了」。在生命最後的這時刻，我本來想要親口跟你說「請你原諒我」，但每次你來醫院探望我時，我就講不出來了。我只能藉著祈禱，向上帝懇求寬恕我的無知。如今也只能寫在這裡跟你說：「請原諒我吧！」

在舉行告別禮拜的前一天晚上，我到這個家庭去帶領親友家庭禮拜。我留了一些時間，讓參加的親友說說他們對故人的懷念。大女兒說她回家整理媽媽的東西，發現媽媽的抽屜裡有一封寫給兒女們的信，長達好幾頁，她決定唸出媽媽寫給她的段落，也就是上述這一段。

她讀到一半就已經泣不成聲，最後，她對著母親的相片大聲地說：「媽，您沒有錯，只是我和您的看法不同而已。我沒有結婚也不一定是不好，我現在還是過得好好地，也很自在。媽，您放心，我真的已經不在意那件事了。」

孩子會長大，父母會漸老，且老去的便不會再回來，這是生命的事實。要留給孩子什麼東西，每個人想的都不一樣，這也沒有標準。但是，把心裡想說的話仔細記錄下來，留給孩子，絕對比只留下金錢財產要好得多。要注意一點：文字的力量與影響，比我們想像的更大、更深。

在寫自己的生命記憶時，職場經驗也是很重要的一環，因為我們人生有很大一部分都是在職場上度過，一定有很多心得和特別的經歷可以好好記錄下來。我自己就曾寫下二十三本這樣的書，書名是《牧會筆記》，退休後也寫過一本《牧會後記》，這些都是寫下自己聽到的、看見的，以及做過的諸多事情，現在重新拿出來看，還可以看到許多教會的面向，有好的一面，也有許多醜惡面。這些經歷不一定要出書，但至少可以讓自己有個反省的機會。

不要以為只有事業成功了才能寫職場的記錄，有不遂心的失敗記事更棒。聖經中最令人感動的經卷就是先知文獻，其中很多都是記載他們失敗的事，就像先知以利亞（厄里亞）說的：「上主啊，我受不了啦，把我的性命取去吧，我還是死掉好！」（列王紀上 19:4）還有先知耶利米說過：「願我的生日受阻咒！願我出母胎的那一天被遺忘了！」（耶利米書 20:14）先知約拿也向上帝哭訴說：「上主啊，讓我死吧！我死了比活著還好！」（約拿書 4:3）這些都和他們心靈受創甚重有關係。

記下工作和職場的經歷，可以留給自己一個明確的生命輪廓，知道過去職場經驗對我們的影響是什麼。或許有這麼一天，當我們子孫讀到這些記錄時，他們會有所感觸和啟發，因為那時的他們，也可能正走在我們曾經走過的路上。

問題討論

1. 盧牧師建議住院時不要看電視和滑手機，應該利用這段時間省思一些平常沒機會思考的事。回想一下，你或你的親友在住院時都做些什麼？在養病之餘，你曾用這段時間思考一些重要的事嗎？
2. 你認為回顧和整理人生上半場的最佳時間點是什麼時候？如果是你，會從哪個方面開始記錄？為什麼？

3. 你曾經寫信給家人，把自己深藏內心的話告訴他們嗎？如果有，是在什麼情況下、懷著怎樣的心情寫的？請分享你的經驗。

4. 若對某人懷有虧欠，寫信是一種修復破碎關係的很好方式。你曾因為反省自己而決定寫信給某人，並因而與他／她和解、恢復關係嗎？

5. 在退休之後，你覺得自己有哪些職場經驗值得記錄下來？請說說其中的兩、三件，現在回頭去看，你看出了什麼以前沒注意到的東西嗎？

21 每個人都要面對的生命功課

不可為自己積聚財寶在地上，因為有蟲蛀，也會生銹，又有盜賊破門禁來偷竊。要為自己積聚財寶在天上；那裡沒有蟲蛀，不會生銹，也沒有盜賊進來偷竊。你的財寶在哪裡，你的心也在那裡。

——馬太福音6章19－21節

我們常常可以在小說、電視劇或電影中，聽到這樣的一句話：「人一出生，就是在走向死亡。」我們可以將這句話轉換為：「當我們還年輕的時候，就要準備年老的來到。」

因為，我們每個人都會年老，除非是發生意外或是重大疾病纏身，導致未老就已經離開，否則，我們一定會走向「老邁」這個生命終點，就像聖經詩人所說的：

「要知道自己不過是必死的人。」（詩篇 9:20）因此，正確的生命態度不應該是要贏在起跑點，而是要知道怎樣好好地邁向終點。

財主與乞丐的比喻

在台灣的文化裡，很忌諱談到「死」這一塊，言談中也會盡可能不講到「死」這個字，特別是在農曆過年期間，更是禁忌。在比較傳統的地方，大樓甚少會有「四樓」，連醫院也是，就算是基督教醫院也會盡可能避免。到餐廳用餐，若是四個人一起，就會聽到服務生說「三加一」或是「兩對」。

不想講到「死」這個字，或避談和「死」有關的事，應該是和人們的懼怕心態有關。而且年紀越大，似乎就會越害怕，不時聽到有些人在年輕時是無神論者，步入中年、老年之後卻沉迷宗教，甚至變得迷信起來，使得騙人的宗教師有機可乘。

然而，「死」是生命必然要走的終點，沒有任何一個人可以避免。即使是擁有莫大權勢如皇帝的人，也一樣會死。不論你是擁有數算不完財富的財主，還是一無所有的貧窮人，在生命的終點來臨時都是一樣的，沒有例外。因此，真正的問題就是：生前要怎樣準備面對死亡的來臨，這是很重要的一門生命功課。

耶穌曾說過一則很有意思的比喻，記載在〈路加福音〉十六章十九至三十一節。耶穌在比喻中說到兩個人，一個是大財主，另一個是乞丐，這大財主是「每天」過著極其奢華的生活，而乞丐則是「每天」被人扛到財主的家門口，希望能撿拾財主丟棄的食物充飢，卻不一定能得到。

就像聖經詩人所說的，每個人都會死。於是，乞丐死了，財主也死了。乞丐死後被上帝帶到我們在人間經常聽到的「天堂」（也就是耶穌比喻中所說的「亞伯拉罕（亞巴郎）的身邊」），而財主卻被下放到「陰間」。陰間，是指令人相當痛苦的地方；相對地，天堂，是指非常安樂、喜悅之處。這說出一個強烈對比，活在世上的日子所擁有的，死後都不能帶去，也不能用金錢、財富、權勢換取死後到天堂的門票，這點在耶穌的比喻中相當清楚。

這個乞丐生前過的生活非常痛苦，他全身都長滿了瘡，連狗也來欺負他，可見他已經虛弱、淒慘到了極點。他每天被人抬到財主的家門口，期盼的就是財主能夠施捨一點食物給他，讓他三餐得以溫飽。但他的願望顯然都落空了。因為連狗也會來跟他搶食，搶不到，就舔他的瘡，讓他更難受。

耶穌說，這位大財主在陰間過得非常痛苦，他仰頭看見先祖亞伯拉罕（在猶太人的文化思想中，他是天堂的守門員）身邊站著這位乞丐，因此，他向亞伯拉罕祈求，希望他能讓這位乞丐用指尖沾一點水，來冰涼一下他的舌頭。但他被拒絕了。於是這位財主退而求其次，希望亞伯拉罕能差派這位乞丐到他父親家去，因為財主還有五個兄弟，都和他一樣過著極其奢侈的生活，他想讓這乞丐去警告他們，免得他們也會跟他一樣的下場，在陰間過著痛苦至極的日子。

面對他的要求，先祖亞伯拉罕卻說，他們兄弟在世上有好的宗教經典可讀，經典的內容也可作為他們生活態度的警告，但他們若是連這麼簡單的經書都不讀，那麼，就算有死而復活的人出現在他們面前，他們也不會聽勸。

耶穌的這個比喻很清楚說出一個重點：生前就要知道怎樣面臨死亡的來臨。活著的日子，就是在為死後的審判做準備。生前的準備，最好的基礎就是知道要對苦難的生命有憐憫之心。就像比喻裡的大財主，他的問題不是出在他很有錢、很富足，而是他對那個可憐乞丐的漠視與毫不關心。這個財主發現，他家裡還有五個兄弟都跟他一樣過著奢華而毫無憐憫心的生活，這樣下去，終有一天會跟他一樣面臨生命終結時的審判，一定會非常淒慘、痛苦極了！

我們可以這樣瞭解：一個人對苦難的生命生出憐憫之心，並不是要累積功德來交換上天堂的權力。若是內心存著這種如同商業行為的「交易」，這就不是憐憫，也不是真實的愛。因為真正的愛是出自內心純潔的意念，不求取回報，這樣的愛才是耶穌教給我們的愛。

最重要的功課

基督宗教信仰談到上帝的特性之一，就是「無所不知」，意思就是上帝鑒察人的內心，而非只看外表。我們可以用華美亮眼的外表來取信別人，卻無法逃過上帝對我們內心的審核，更不可能用一些看似美好的外在行為來掩蓋內心的陰暗想法。就像聖經作者所說的：「沒有一件事能向上帝隱瞞；一切被造的都赤裸裸地暴露在他眼前。我們都必須向他交帳。」（希伯來書 4:13）

基督宗教信仰有一種看法，就是每個人出生時，都會伴隨著兩樣上帝所給的特別禮物，一個是一位天使，另一個是一本生命冊。這位天使會陪伴著每個人的生命，直到在世上的旅程終了。天使也會負責記錄每個人在生命旅程中所做的一切，當然也包括了人的心思意念，這就是基督宗教信仰會強調上帝看人的內心、深知人的心思意念的原因。

當人去世時，天使會將這本記錄著他一生的生命冊繳回到上帝那裡去，上帝就依據這本生命冊的記錄，對這個人做出審判（參考啟示錄 20:12），也因此，這種審判一點也不會出差錯。

在一九九三年，我曾住在加拿大溫哥華三個月的時間，在那裡幫助一間沒有牧師的長老教會。我從帶領會友們查考聖經開始，逐步告訴他們「分享」在信仰上的重要性。我也從他們那裡知道，在加拿大的校園（包括小學的校園）都有設立「食物銀行」（Food Bank），後來我去奧地利、澳洲、瑞士、英國等地，才發現幾乎每級學校都設有「食物銀行」，在許多社區也都可以看到。

這樣做是在鼓勵學生與社區民眾，隨時可以清理家裡的冰箱、儲藏室，只要有即將過期或是多餘的食物，都可以送到食物銀行。而食物銀行每天都有許多義工在烹煮這些食材，免費提供給貧困的人家或是街友，讓他們免於飢餓的痛苦。我在溫哥華時，就是趕在聖誕節前，和教會的小朋友將他們送到教會裡來的食物，一起送到食物銀行去。

我看到這些小朋友和食物銀行的成員一起拍照，他們臉上露出了歡樂到極點的表情，我由此體會到，這些孩子已經學習到一點：伸出他們幼小又纖弱的雙手，做出一件他們的手可以做到的善事。重要的是，這些小朋友沒有人會想要得到回報，因為他們學到了生命最重要的功課——分享。

要怎樣準備來面對死亡的來臨，這是很重要的一門生命功課。拿著生命冊的上帝就像我們的老師，而我們完成這門功課的最好方式，就是對苦難的生命抱有憐憫之心，並把我們能給出的東西與他們分享。我們應該要有這樣的認知：會分享，才會使我們活著有意義。當生命的終點來臨時，想到生命冊中所記錄的一切，我們的心就不會再有任何懼怕。

問題討論

1. 文中提到，不想講到「死」這個字，或避談和「死」有關的事，是和人們的懼怕心態有關。你認為懼怕的原因是什麼？
2. 耶穌所說的大財主與乞丐的比喻，讓你有什麼啟發？
3. 承上題，你覺得這個故事和死前的準備有什麼關係？
4. 知道了陪伴我們一生的天使與生命冊，是否讓你對生命產生更多期待與力量，還是讓你感到壓力與束縛？你為什麼會這樣想？你能在祈禱中把你的感覺誠實地告訴神嗎？
5.「分享」可以從小事做起，你想過自己可以怎麼幫助他人嗎？請說說你的經驗和想法。

22 預先交代後事，從四十歲開始

沒有人知道將來要發生什麼事，也沒有人能告訴他。沒有人可以不死，也沒有人能夠決定自己的死期。這是人無法逃避的爭戰，任他窮凶極惡也逃脫不了。

——傳道書8章7－8節

那是我在台東關山長老教會牧會時所發生的事。那天是農曆新年的初一，依照往例要舉行新春感恩禮拜。在鄉下教會，新春感恩禮拜是早上八點開始，有些會友七點半就到了，走路來的、騎腳踏車或摩托車來的、坐鐵牛車來的都有。

那天大清早，約六點半，我接到一位年老母親打電話來，說她兒子叫不起來，所以早上不能來參加禮拜。我說：「把棉被掀開，他就會起來。」她說：「有啊，還是不起來。」我說：「用力把他拉起來啊。」她回說：「有啊，但還是在睡。」

最後，我想到自己小時候冬天早上爬不起來，我母親叫我們兄弟起床時的一記狠招，就是往大腿的鼠蹊部那裡捏下去，我們就會大聲哀叫出來，然後趕緊起床。於是，我也教這位老姊妹這個招數，但她說：「捏了，沒有用。」

可能是她看自己跟我講了這麼多，我卻還是沒有真正明白她的意思，最後，她只好用很慢的語調跟我說：「牧師，孩子死了！」

我嚇一跳，一時間不敢置信，趕緊騎著摩托車趕去山腳下她的家，果然，家裡靜悄悄地，沒有人來應門。我進了屋內，發現那位老姊妹和她的媳婦正在低聲哭泣，她媳婦懷裡還抱著年僅四歲的孫兒。她們哭得很小聲，好像很怕左鄰右舍聽到的樣子，也是從這次的經驗，我才知道台灣民俗中最忌諱的一件事，就是在農曆年間談到「死」這個字。

後來婆媳兩人才告訴我，他們全家在除夕夜一起吃飯聊天，吃到晚上九點，然後看電視到十二點，看到電視「唱國歌」後就去睡覺，期間都沒有任何異樣。這位老姊妹的兒子才二十九歲，是一位陸軍士官長。我印象相當深刻的是，兩天前她兒子從軍隊放年假回來，第一件事就是到教會來找我，向我問安。沒想到兩天之後，就這樣靜悄悄地走了。他的老母親和妻子都說：「連一句交代的話都沒有說，可是他也沒有說身體有什麼不對啊！」

我大為震驚！這是我第一次遇到這麼年輕、且是現役軍人的會友去世。那個農曆年，我心情很不好，一直在想一個問題：「若是換成我發生這樣的事呢？」於是，我在一九八六年五月二十日寫下一篇文章〈前言與後語〉，算是遺囑的一種方式，把後事都交代好。

立下生前遺囑

在這篇〈前言與後語〉中，「前言」的部分是談到自己獻身當傳道後，曾立下的心願，想蓋一間「盧氏圖書館」，要收集五萬冊的書；此外，也想要當個佈道家，到處去佈道、傳福音。

這些年來，我是有收集一些書，距離五萬冊簡直是遙不可及，不過我在台東關山教會蓋了一間「社區兒童閱讀中心」，有一千多本的兒童圖書；而另一個心願，我雖然沒有成為佈道家，卻當過「高雄少年感化院」、「武陵外役監獄」的宗教教誨師，也參與了長老教會總會青年運動的事工。

然後在「後語」的部分，就是為身後事做準備，等到這一天真的來臨時，有緣參與此事的親朋好友，便能有所依據而行。這「後語」是這樣寫的：

我立志獻身於傳道，功名利祿雖然也曾誘惑我，但終非我的心志和本意，因此，除一般教會舉行之追思告別禮拜，我懇辭以任何理由為我舉行的特別之葬，包括教會、中會或總會等等——萬一我有如此分量的話。

不要在禮拜堂擺設任何花籃、花圈、輓聯等等，要像平常禮拜天的主日禮拜一樣。告別式只要一位牧師講道，一位長老司會就好，我實在不喜歡在講台上排一大堆人，那實在是很奇怪的禮拜。不要慰詞、慰電，只要一組聖歌隊唱兩首詩歌我就滿足。主持的牧師若肯，我要點唱聖詩六十一、一七九、四一九、四七五等四首（指舊版聖詩）。若允許我找講道的牧師，則楊啟壽牧師與陳南州牧師之中一位。

你只要來參加禮拜，不要你包慰金來。我的妻兒不用披麻戴孝，黑色衣服已夠顯出他們的心痛哀念。

我的身體要火化，火越烈越好，使骨成灰，可撒於花圃田園或大海河川，也可埋於地下，任何地方一埋即可，千萬不要做墳墓，可免年年掃墓擠車奔波之累，也可免去與活人爭地之譏。

在我身體火化之前，任何可移植的器官都可拿去，分文不要，剩下的供醫學院做病理解剖之用。

我以身為台灣基督長老教會的牧師為榮，因此，不要為我準備任何衣服，外面穿上牧師服已足夠榮耀。

淑英若能找到對象再嫁最好，孩子可托俊泰弟弟眷顧，我相信他和麗姍會誠心接受我這份要求。若是決定帶孩子到長大，我懇求爸媽收留我的妻兒，好讓她和孩子能快快搬出牧師館之後，找到棲身之處。

我的藏書由淑英全權處理，因她曾陪我啃饅頭、吃生力麵，好讓我有能力還書店的書款。

最後有一段「附語」如下：

我鄭重地立下此遺囑，每年生日此時，我會再次簽名，直到我去世之年，這當中或許會有變更也說不定，以最後一年所寫的為準。

我感謝上帝揀選我成為祂的福音使者，我將繼續本著獻身的毅志，在我尚活著之年，做好傳道者的工作。不戀眷城市大教會，也不忽視偏遠小教會，只求為主的忠僕就心滿意足。我在傳道生活中有欠缺祂的榮耀之處，我祈求上主的憐憫。

寫於一九八六年五月十五日上午九點，於嘉義西門教會

當年，這篇遺囑刊登在週報上後，很多人看見開始轉傳，也接到許多朋友、親人、同工等來信索取影印（當時還沒有現在這種電子信箱）。大家對我的遺囑反應很熱烈：有的人說我死後連妻兒的事也要管，沒有意思。有的說四十歲就寫遺囑，實在有點太過老成。不過我有在「前言」中提到，祈求上帝再賞賜給我二十年時間，也就是讓我能活到六十歲，我就心滿意足了。因為我知道當我六十歲時，孩子已經三十歲了，應該有獨立生活和照顧他們母親淑英的能力了。

直到現在，我還是保持當年遺囑的內容，而當我過了六十歲那年，我就說孩子

可以不用托弟弟俊泰扶養了。另一方面，我對生命也開始有了新的態度：每過一年，都是上帝的特別恩典。

就這樣，直到二〇一六年五月二十日、我滿七十歲那天，除了保持原有的遺囑沒有改變外，我建構了一個很重要的生命觀：**每多活一天，都是上帝的**。所以，只要是我的能力可以做到的美事，我只能全力以赴，沒有任何藉口說「不」。這也是我會繼續帶查經班、接受邀約演講，以及上電視製作《這些人，這些事》的原因。

我把這「後語」當作一種生命的誓言，也因此，過去三十多年來，我從不敢疏忽自己立下的這個誓言。即使我到現在還是學不會圓滑老練，該說的話也一樣會不留餘地講出來，但是，就是因為知道自己多出來的日子都是上帝賞賜的恩典，因此，能伸出自己的手做到的事，我絕對不會推諉；自己想到可以做到的事，也絕對會全心全力去做。

交代後事的錄音帶

寫到這裡，我突然想到我的好友謝淑民先生，他是台灣銀行派去開拓日本東京分行的銀行家。當他和妻兒還在日本時，他早已經將要交待的後事用錄音機錄下來，放在銀行保管箱中。他交代女兒，若是有任何事情發生，就要記得所有的事都在錄音帶裡。後來他完成了東京分行成立的使命，就被總行調回來。他女兒繼續留在日本念大學。

一九九七年九月下旬的一個禮拜六，他在教會開會時，因為心肌梗塞而去世。我打電話給他女兒，他女兒說父親有留下一卷錄音帶。果然，錄音帶中很清楚地交代了所有的事物，連去世時，他要戴帽子，且右手要放在額頭上等細節都指示了，還提到在告別禮拜時，要在骨灰甕的照片前插九十九朵紅玫瑰。最特別的，是他交代不要發訃文，等告別禮拜都完成了，再發信給所有親朋好友，告訴大家這個消息。而訃文的內容也是他自己寫好的。

一切都如他的交待，當告別和安葬禮拜都完成後，他的兒女們才發通知給眾親友，這份通知是這樣寫的：

阮的老爸已經佇一九九七年九月二十日離開世間。阮遵照伊的意思，將伊火化，骨灰也已經下置伊預先按排的墓內。阮的老爸特別交待伊生前麻煩大家真多，死後毋免閣再舉行任何的儀式。只有寄這張訃音通知，感謝您佇世間對伊的愛疼。*

生命總是會有終結的一天，就像詩人說的「讓他們知道自己不過是必死之人」（詩篇 9:20），有這樣的瞭解，及早準備總是好的。我當然知道台灣人對這種事有許多忌諱，但有忌諱，並不表示就不會死，也不會比較慢死；更不會因為談論有關死的事，就會死得比較早。

我在醫院工作，常遇到末期病人請我告訴他們該怎樣準備身後之事。很有意思的是，有些病人還會把他們的兒女集合起來，寫下我所交代的事，等我說完了之後，又交代家裡的人重複敘述一次我所說的。

我曾遇到一位台南的大學教授，在住院期間，把我告訴他的事都清楚寫下來。

*此段以台語寫成，意思為：我們的父親已於一九九七年九月二十日離開世間。我們遵照他的意思，將他火化，骨灰也已經安置在他預先安排的墓穴。我們的父親特別交代：他生前麻煩大家很多，死後不用再舉行任何儀式，只寄這張訃文通知，感謝您在世上對他的疼愛。

有一天，他的兩個女兒從美國趕回來探望他，對還在睡夢中的他叫喚道：「爸爸，你最喜愛的牧師來看你了，快醒來！」

他在昏睡中被女兒搖醒過來，醒來的第一件事，就是告訴他的女兒說：「你們自己跟牧師說，我有沒有交代好後事了？」兩個女兒異口同聲跟我說：「有，爸爸很清楚地都說了，寫在他的 iPad 裡。我們都看了，沒有問題。」

接著我們聊了一下，這位教授就體力不支睡著了。兩天後，他的女兒打電話給我，說她們的父親走了，走得很安詳。

我在四十歲時交代了後事，且向上帝祈求讓我多活二十年。上帝應許了，真感謝祂。然後我向上帝發誓，超過六十歲後，每時每日都是額外的恩典，我絕對會在活著的時日傾盡所有的力量，繼續帶領喜歡讀聖經的人查考聖經。

直到現在，我還好好地活著。這說明了一件事：不是預立遺囑，就會早死，不會的。也不用怕。因為生命是上帝在管理，是祂決定了我們年齡的時間表。但是，儘早為後事作準備，可以讓我們安心地前往下一段生命旅程，換句話說，就是可以毫無後顧之憂了。

問題討論

1. 年僅二十九歲的軍人突然離世，讓盧牧師思考：「若是換成我發生這樣的事呢？」對這件事，你又是怎樣想的呢？
2. 如果你也要寫一篇〈前言與後語〉，你的「前言」會寫什麼？你有什麼尚未達成的心願嗎？直到現在為止，你又完成了多少？
3. 承上題，你會怎樣撰寫你的「後語」？請整理一下你自己的想法，並將之寫下來。
4. 你曾經思考自己的身後之事，或是和家人、孩子討論相關的話題嗎？
5. 盧牧師四十歲就寫遺囑，你覺得幾歲開始寫比較適合你的情況？你會用什麼方式交待自己的後事？

23 用喜歡的方式向大家說再見

我們一生的年歲不過七十，健壯的可能到八十；但所得的只是勞苦愁煩；生命轉瞬即逝，我們都要成為過去。——詩篇90篇10節

在西班牙有一間創設於十七世紀的修道院，名叫「特拉普」（Trap），屬於天主教熙篤會（Cistercians），創院院長是朗塞神父（Fr. Armand-Jean Le Bouthillier de Rance）。我覺得很有意思的是，朗塞神父要求該院的修士，在彼此相遇時的問候語是：「記得你終有一死。」（memento mori）

若是在台灣講這句話，鐵定會被認為是在詛咒別人一樣。因為台灣人要嚴厲譴責一個人，或指一個人犯了嚴重錯誤時，就會說「你會死」、「你死定了」。朗塞神父會這樣要求修院修士是有原因的，他要所有修士以後離開修院去傳福音時，都抱

著「必死」之心。當一個人有了「必死之心」後，對生命的態度和對事物的看法就會大不相同。

後來，我將朗塞神父的這句話改成「我還活著」，用來當作別人問我「你好嗎」時的回應語，結果很多人聽了都笑著跟著說：「我也還活著。」

前面已經提過很多次，對台灣人來說，談到「死」是件很忌諱的事，特別是在過年期間絕對不談此事，平時也是能不談就不談。甚至當親友去世、前去表示慰問，要離開時也絕對不可以說「再見」，因為「再見」一詞被認為是指還會再發生這種死亡的事，也因為這樣，去慰問的親友只能含著眼淚默默地離開。而家裡有喪事的人，是不能隨便進入親友家裡去報喪的，只能到人家的家門口，這樣才不會將死的霉運也帶到親友家裡。

以往的人會在家門口張貼白紙，寫上「嚴制」或「慈制」，告訴左鄰右舍或是來訪的人，這家中輩分最高的人過世了。若是寫「喪中」或「忌中」，就表示這個家裡有晚輩過世了。若是有將棺木或是骨灰甕帶回家裡的，就要拿一條約十五至二十公分長、一寸寬的紅紙或紅布貼在鄰舍的門框上。

類似這樣的習俗很多，上述提到的只不過是一小部分而已，但已足夠說明台灣人對「死」這件事的懼怕，即使到了今天科技這樣發達的時代，依舊存在著許多禁忌。然而，這是人人都必須學習和面對的事，不去瞭解死亡，對生命的瞭解就會相當有限，也無法明白存活的意義，因為這二者是息息相關的。

生前告別式

在醫院工作時，我經常聽到重症病人發出這樣的呼喊：「若是這樣沒有尊嚴地活著，倒不如死掉算了！」

但是，如果我們連死亡都不想談，那又怎麼談論活著的尊嚴呢？避談死亡，並不會讓死亡不來或是晚點來，它也不是依據長幼排序來到，如同台灣俗語所說的：「棺材裝的是死人，不是老人。」與其如此，不如趁著現在，多想想那一天來臨前該怎樣準備最好。

現在，已經有好幾間大學開設「生死學」課程，研究生命和瀕死、死亡這些議題，這方面的書籍也越來越多。甚至，有的學校還跟所謂的「禮儀公司」合作開課，教授學生怎樣處理相關事宜。有趣的是，有不少音樂系的學生也利用課餘時間去殯儀館打工，參加吹笛、拉琴的樂隊，看似不再有這種傳統上「禁忌」的問題了（更有趣的是，這些禮儀公司也會找來牧師、詩班，為需要舉行基督教儀式的家屬服務，這些牧師是怎麼來的？我不知道。不過有一家葬儀社的人曾告訴我，有些牧師樂意做這樣的工作）。

二〇一四年九月，我收到我的前輩李景行牧師寄來的一張邀請卡，上面寫著九月二十八日要在高雄鹽埕長老教會舉辦「生前吟詩惜別感恩禮拜」。卡片上印著他們夫婦的相片，還注明「懇辭花環、花籃、慰片等」，並寫著「參加者每人贈送一本精緻手冊及紀念品」，而紀念品就是李景行牧師所寫的詩歌集。然後，他請九間教會的詩班練習他所寫的詩歌，就在「惜別感恩禮拜」中演唱。

我打電話給李景行牧師，詢問這個邀請是不是真的，他笑著跟我說，他的妻子因為腦癌手術的影響，視力接近眼盲，而他則是因為洗腎而行動不便，行走都需要用枴杖。他說，這幾年來都是自己牽著妻子，兩人相互扶持，走過生命最後的這段旅程。

過去在教會，是他為會友舉行告別式，而就他所看到的，過世的人根本不知道有誰來參加，也聽不到傳道者講些什麼信息；此外，他以前聽說嘉義朴子長老教會有位吳耀明長老也曾舉行「生前告別式」，他覺得這很有意義，至少生前舉辦儀式，還可以看見有哪些人來了，見到面便不會留下遺憾。

非常可惜的是，因為時間上的關係，我無法出席參加。我請他見諒，他說這樣還是可以把他創作的詩歌集寄來給我，幾天之後，我就收到了他的作品。而在舉行「生前吟詩惜別感恩禮拜」之後，沒過多久，毫無遺憾的李景行牧師夫婦就先後回天家了。

溫馨的告別禮拜

後來，我又接到好友，也就是曾在台東「公東高工」擔任過校長的黃清泰長老的邀請函，那是二〇一五年二月，大年初四，也是他八十歲生日那天，他要在台東長老教會舉行「惜別音樂感恩禮拜」，由他當牧師的兒子黃哲彥牧師親自主持。

我特地搭飛機去參加。整個儀式的過程，就跟李景行牧師的生前告別禮拜一樣；李景行牧師那場是由夏文學牧師主持，他沒有講很長的聖經信息，而是邀請九間教會的詩班演唱李景行牧師所創作的詩歌，也留下時間給李景行牧師夫婦好好地說些話。而台東這場，黃哲彥牧師當然知道儀式的主要目的，是他父親黃清泰長老想要向諸位親朋好友說些致謝的話，黃長老說，他很高興看見許多失聯很久的朋友前來參加。

整個過程十分溫馨感人，一點也沒有一般人印象中對於「死」這件事的不安、恐懼氣氛。直到現在，我依舊記得黃清泰長老在生前告別禮拜中說：「從現在起，凡是欠我錢的人，都可以不用還了。」當時參加的親友聽了都大笑起來，並且給予熱烈的掌聲。在禮拜結束後，我開玩笑地跟他說：「您又沒錢借給別人，當然可以不用還。」他聽了一直笑。

李景行牧師、黃清泰長老，以及朴子教會的吳耀明長老，他們都有在談話中表示：改天「真的」去世時，就不會再通知大家了，也不會再次舉行告別禮拜。因為「今天」已經舉行過了，而生前舉辦的告別式，比死後辦的更有意義。

上一章有提到，我的另一位好友謝叔民先生，他把要交待的後事都預先錄好，交給他留在身邊的小女兒，說萬一他走了，所有要交代的事都在錄音帶裡，照著辦就是。不但如此，他連死後要發的「訃文」也寫好了，筆調相當幽默，意思大概是：「生前已經勞煩大家甚多，死後不敢再麻煩大家來參加我的告別式，因此，後事都處理好了，現在才由孩子替我發這份通知給大家。」他就是這樣坦然地面對死亡的來臨。

辦過生前告別禮拜的黃清泰長老，如今已經八十五歲了，身體狀況依舊不錯，他是個家具設計專家，至今都還在指導許多青年學子。而他的「惜別音樂感恩禮拜」再次說明了一點：及早準備過世的事，也不一定會早些離開。

台灣人對「死」這件事普遍非常忌諱，也不會想去舉辦生前告別式，覺得那樣很晦氣。其實，這樣的想法只會侷限了生命的廣度。如同朗塞神父所說的，當一個人認知到自己終有一死，對生命的態度和對事物的看法就會大不相同。用積極的態度去面對「死」這件事，才能用積極的心態去面對「活」，讓生命直到最後一站都是豐富美好，不留遺憾。

問題討論

1. 朗塞神父的話有帶給你什麼啟發嗎？請說說你的感受與想法。
2. 不論是對你自己或身邊的人，你曾經想過「死」這件事嗎？想過或沒想過的理由分別是什麼？
3. 台灣人對「死」普遍忌諱，你認為是什麼造成了這種情況？
4. 你認同文中所述的「生前告別式」嗎？你自己會考慮這樣做，或是鼓勵長輩或家人採用這種方式嗎？
5. 文中說：「及早準備過世的事，也不一定會早些離開。」為了不留下遺憾，你會想要及早準備哪些事？

24 比盛大告別式更重要的事

上主啊，我的壽命多長？我幾時會死？求你指示，我的終局幾時來到？你使我的生命那麼短促！在你眼中，我一生的歲月幾乎等於零。生命不過像一口氣息；人生如泡影。一切的操勞都是虛空；他累積財富，卻不知道歸誰享受。——詩篇39篇4－6節

二〇一八年五月八日，藝人倪敏然先生被發現在宜蘭頭城自殺身亡，各種傳言紛紛出現，坊間也多了不少八卦，新聞媒體還不斷地報導他的身後事，這不但對逝者不尊敬，對活著的家屬更是無情，實在不可取。

倪敏然先生在世時，曾受洗皈依基督教，之後改宗去拜四面佛。對於他的告別式，治喪委員會決定要舉行聲勢浩大的大型追思會，除了會場將擺滿上萬朵鮮花、

好幾位名聲響亮的藝人一起主持之外，還要邀請基督教、佛教的宗教師共同主持追思會，希望這樣「中西合併」的方式能讓喪禮更完美。

其實，倪敏然先生的喪禮怎麼舉辦，原是家屬和治喪委員會的事，只要大家同意就好。不過有一點我們要知道，雖然生命的生與死和宗教信仰有密切關係，但真正能使人心靈獲得安寧的，並不是這些排場很大的禮儀。

其它宗教的喪禮或是追思禮儀怎麼舉辦才正確，我不知道，但從基督宗教信仰的角度來看，喪禮是一件很嚴肅的事。我們常說「人生如戲」，而當生命終結時，要上演的是「天國大戲」。這齣戲乃是演出生命的死，要面對的是上帝的審判，因此，謙卑的態度是第一要件，而不是把去世的人捧得像天使一般、偉大的不得了，或是把會場布置得像人間仙境一樣。這不是基督宗教信仰該有的場面，更不會是基督宗教信仰該有的禮拜場景。

因為，在真正的基督宗教信仰中，每個人在上帝面前都是一樣的，都是有罪的人。我們唯一需要的，就是懇求上帝的憐憫與寬恕，更要用懺悔的心來替死者舉辦告別、追思的禮拜，因為禮拜是在回應上帝賞賜生命的愛。

另一方面，宗教信仰應該是純潔、歸真。不論信哪一種宗教，都應該抱持這樣的態度才對。倪敏然先生生前最後這段時間，既然改信四面佛，就應該尊重他的信仰立場，以四面佛的宗教禮儀來舉行才是，這樣才是對他最尊敬的一種方式。

此外，要舉行宗教禮儀，就應該先徵詢宗教師對禮儀的看法。對禮儀內容不表示意見而讓主家自理的宗教師，不會是好的宗教師。宗教禮儀不應該是由治喪委員會自己定案之後，才邀請宗教師來插花，畢竟，宗教禮儀跟演藝圈的串場表演在基本上就是不一樣的。更何況，將佛教和基督教的禮儀穿插在一起的告別式，更是一種不倫不類的信仰態度，這正好也可看出台灣社會的亂象。

不論貧富都一樣

從一九九四年開始，我就在嘉義西門長老教會提出一項基本的信仰觀念：不論貧賤還是富貴，不論是喜事或是喪事，在教會舉行禮拜時，所有的人都一樣。

我會提出這樣的觀念，是之前我在台東關山處理幾個貧困家庭的告別禮拜時，所得到的感觸。特別是一位身體殘障的退伍軍人的告別禮拜，讓我感觸更深；那次的告別禮拜，我呼籲全體會友都要出席，因為重要的不是去世的人本身（我不是為了要讓場面大一點才呼籲大家前來），而是他留下來的三個子女年紀都不大，最小的女兒只有國中一年級，這才是我們所關心的。果然，鄉下教會的信徒都聽得懂我的用意，那天禮拜堂可說是爆滿。

然而，我到嘉義西門長老教會之後，有好幾位長執很想顯現自己的名望。因此，當我提出「大家都一樣，沒有任何人可以特別」的想法時，有些長執和信徒確實很不能接受。之後到了台北東門教會，我更堅持這種信仰理念：**踏進敬拜上帝的地方，貧賤富貴都一樣**。

因此，我規定講台上就只有一位講道的牧師和一位帶領禮拜的司會者；不論是喜事或是喪事，最多只有兩組聖歌隊，各唱一首詩歌，或是一組聖歌隊唱兩首詩歌；禮拜堂不給特殊布置，就跟平時禮拜一樣，只有講台上兩盆花，其它的花籃放在禮拜堂外面，因為我不希望把禮拜堂布置得像殯儀館的靈堂一樣。

此外，禮拜一開始，就不允許拍照者走來走去，只能固定在禮拜堂最後面，且不准用閃光燈。結婚禮拜時，新郎和新娘進場、退場、誓約後掀紗、交換戒指、謝親恩等，都可到禮拜堂前面來拍，其它時間還是要安靜地參加禮拜。若要講賀詞，到飯店去。禮拜堂門口不准擺放新郎和新娘預先拍好的婚紗照，因為那時還沒有完成誓約禮拜。

我真的是這樣執行，且絕不妥協。我的信仰根據很清楚：無論是誰，在上帝面前都是一樣的。有能力的人，特別是家大業大的家族，就要特別考慮到窮困、卑微的家庭，不要只想著自己的「面子」、「排場」，而是要為別人著想，這樣才是信仰應該有的態度。身為長老、執事、幹部的人，就更應該帶頭這樣做，如此一來，教會裡就不會有人自覺特別或高人一等。

我曾遇到一對從國外回來的青年男女，透過關係來找我，希望我為他們主持結婚禮拜（其實他們會來找我，是因為禮拜堂的建築很美）。我將教會規矩告知後，那位女子跟我說：「可是我們一生才結婚一次，若沒有全程拍下相片會很可惜。」我只回答這樣一句：「誰跟你保證，你一生只結婚一次？」結果這女子生氣了，說她不要在我的教會舉行結婚禮拜。我說：「請便。」

這女子會這樣要求，就是出於「自以為特別」的心態，所以想要我給他們特殊待遇，但這本身就是很不應該的事。我這樣堅持，會友和長執都找不到反駁的理由，因為有研讀聖經的人都清楚知道：每個人在上帝面前都是罪人，既然是這樣，又怎能說自己比較貴重、特別呢？罪人有什麼好誇口的？誇耀自己的罪嗎？或是標榜自己的聖潔？誰敢這樣？

前台大校長陳維昭的秘書曾經連打三次電話給我，因為台大醫學院有一位教授（也是我的會友）去世，由我主持告別禮拜，秘書想知道校長和台大治喪委員會需要做些什麼。我的回答都是：「就是參加禮拜，這樣就好。」

還有一次，我被委託舉辦「明門實業公司」董事長夫人倪安妮女士的告別禮拜，有多達六十位的駐外使節要來參加，還有外交部長、衛生署高級官員，甚至後來也聽到當時的總統李登輝先生、副總統連戰先生都想要來參加，但他們只是想在儀式中致詞，並不是要參加禮拜。面對他們的要求，我都說「沒有這種安排」，因為參加禮拜就是要聽聖經的信息。

另外還有一次，那時擔任副總統的蕭萬長先生過去在經濟部的一位老長官，他的告別禮拜也是由我主持的。蕭副總統找人傳達他想在禮拜中講幾句慰問的話。我說不方便，只能參加禮拜。最後蕭副總統親自打電話給我，說他因為時間上有困難，可否允許他向喪家說幾句話，十分鐘就好。我說可以，並建議他在禮拜開始前講比較好，以免禮拜結束後喪家要送來賓，人多且雜。就這樣，蕭副總統講完八分鐘便先行離開，所有安全人員都撤離後，我才帶喪家進入禮拜堂，開始禮拜儀式。

一同埋葬的榮耀

我會這樣堅持，是因為我的神學觀點：禮拜，就是要聽聖經的信息。一個人不論是生、是死，都有上帝的特別旨意在其生命中。因此，聽上帝在聖經中的信息才是蒙福的來源，也是獲得安慰的力量。

身為傳道者的我，職責就是要把聖經的信息準備好。若是講上帝的信息不能安慰人心、不能讓新婚夫婦感受到上帝的恩典滿滿，那是我應該反省和努力的事。但若是認為禮拜中有個身分很特別的人（如總統、副總統、校長等）來講幾句話會更好，那已經不是在邀人參加禮拜，那是在突顯某個家屬的虛榮，而這絕對不是我對禮拜的認識。這樣的理念，我不是只講給會友聽，對我的家人也是如此。包括我的母親、父親在家鄉高雄左營舊城教會的告別禮拜，也是這樣舉行的。

我常遇到有民意代表（特別是立法委員）去參加他們朋友或親人的告別禮拜，不但遲到，一進禮拜堂的門還大剌剌地問：「貴賓席在哪裡？」我們教會的接待兄姊都很聰明地回答說：「每個空位都是貴賓席。」

很少有人知道，在台北林口的「頂福墓園」裡有一座墳墓，是蔣家執政時代，有一位五院院長埋葬在那裡。墓碑的兩旁，右邊用玻璃鑲著「總統褒揚令」、左邊鑲著「總統任命書」。我每次送會友去該墓園，都在想喪家為什麼要這樣做，後來我終於想明白了，原來他們是希望那位院長生前的所有榮耀，要和去世的人一起埋葬在此。兩年前，我再次去到這墓園，發現這座墳墓已經翻新了，但兩張顯赫的證書卻沒有被鑲在墓碑兩邊。我想大概是因為經過風吹雨打日曬，那兩張代表著榮耀的證書已經褪了色，再也看不出上面的字樣了。

台語有一句話說得很不錯，就是「在生吃一粒豆，卡贏死後孝豬頭」＊。很多

＊意思是：父母在世時，子女即使只是供養他們一粒豆子，也比他們過世後拿整個豬頭當祭品來得好。

人喜歡替自己的父母舉辦相當氣派的喪禮，將整個禮堂布置得非常壯觀美麗，花的錢少則幾十萬，多則百萬元以上，但我到現在還是不知道那樣的場面意義在哪裡。

因為布置在會場裡的花很快就會凋謝，甚至，根本沒有人會注意到那些花；而比較貴重的花，通常是告別式才剛結束，就馬上被轉移到另一間禮堂去布置了。雖然這樣避免了鮮花的浪費，主家卻多了許多花費。若是在教會的禮拜堂，就算鮮花是主家自己購買的，最慢不超過四個小時，那些花也會凋謝殆盡，不能再用。而為此所花費的錢，就這樣很快消逝了。

多元信仰家庭的做法

在教會從事牧養工作的人，經常會遇到一種棘手的狀況：一個家庭，兄弟姊妹的宗教信仰不一樣；有的皈依佛教，有的是傳承父母的民間信仰，有的是信基督教或是天主教，也有的是一貫道等等。在父母去世時，就經常遇到這種問題：要用哪一種宗教禮儀舉行告別式？

我不時聽聞有這樣的例子發生：當父母病危入院時，信耶穌的子女就會很認真地向尚未信耶穌的父母傳福音，我們當傳道者的當然會經常去探望，子女就會在父母耳邊一再強調要信耶穌才會得救。有些父母不知道是真心信了或是被逼到不得已，只好點頭表示要信。於是，信耶穌的子女就鬆了口氣，感到非常喜悅，很快就要求傳道者去為父母施洗。

問題在於，這樣的施洗儀式舉行時，其他的兄弟姊妹並不一定在場，甚至可能毫不知情，因此，在討論告別式要用哪一種宗教儀式時，若有人堅持使用基督教儀式，兄弟姊妹之間就會鬧得相當不愉快，特別是堅持使用基督教儀式的子女在兄弟姊妹中排行最小時，就更容易和兄姊們對立。

有的父母只不過是跟著信耶穌的子女去過幾次教會，子女就堅持要舉行基督教的告別儀式。有些家屬為了顧及兄弟姊妹間的和睦，會在殯儀館或是故鄉老家庭院先舉辦其它宗教的儀式，再接著舉辦基督教的追思禮拜。

我總是勸告家裡有多元信仰狀況的會友，要尊重家族的意見。自己可以提出意見，但不要為了爭一場禮拜而和家族（特別是兄弟姊妹）鬧得不愉快，這在基督信仰上並沒有意義。因為父母或親人有沒有得救，絕對不是一場禮拜就決定的，生命得救與否，是上帝在決定，不是一場禮拜在定奪。信仰是一生的功課，直到生命的終結都還在學習。而保持兄弟姊妹間的和諧，遠比爭執這些形式更有意義。

我在英國、瑞士時，都有參觀過當地的墓園。我發現，那裡的喪家送親人到墓園後，也會將那些花帶到墓園，但不是全部放在自己親人的墳墓上，而是分發給鄰近的墳墓，看起來就像一片花園似地，甚是好看。

他們連這樣的事都會分享，真的很值得我們學習。於是我將這種觀念帶回自己牧養的教會，每當告別禮拜結束、眾人準備前往墓園時，我都會告訴要去墓園的兄姊，大家可以多帶幾束擺放在禮拜堂門口花籃裡的花。在墓園舉行安葬禮拜後，我便告訴喪家，只留下十字架和一、兩束花在逝者的墓碑前就可以了，其餘的花請大家拿去放在鄰近的墳墓前。

我們這樣做，改天換別人家來，也會跟著這樣做；當大家都這樣做，就會讓整個墓園更加美麗起來。這是在學習分享的心，也讓我們學會「人到死，都還會分享」的生命功課，而這，絕對比盛大豪華的告別式更加重要。

問題討論

1. 你怎麼看待「中西合併」的追思儀式？
2. 盧牧師認為不論貧賤富貴，在教會舉行禮拜時，所有人都一樣。你認同這個理念嗎？原因何在？
3. 文中所舉的例子，告訴我們告別儀式不需要鋪張浪費，但有些人認為豪華的喪禮是為了讓父母有面子，是表現孝心的行為。對此，你的看法是什麼？你贊成哪一種做法？為什麼？
4. 你的家庭屬於多元信仰的狀況嗎？如果是，兄弟姊妹之間曾因為告別儀式的選擇而發生過不愉快嗎？請說說當時的情況。
5. 承上題，你如何解決「選擇告別儀式」的問題？

25

生命的最終，都歸於愛

有了愛就沒有恐懼；完全的愛驅除一切的恐懼。所以，那有恐懼的就沒有完全的愛，因為恐懼和懲罰是相關連的。

——約翰一書4章18節

最近讀到一篇天主教的教宗方濟各（Holy Father Pope Francis）所發出的訊息，他說：

河流不飲自己的水；樹木不吃自己的果實；太陽不照耀自己；鮮花也不為自己散播芬芳。為他人而活是自然的法則。

我們生來就是要互相幫助的，無論生活多麼艱辛……當你快樂時，生活是幸福的；但他人的快樂若是因你而得到，你將更幸福。

讓我們記得，葉子每一次顏色的變化都是美麗的，生活每次的改變也是有意義的。兩者都需要非常清晰的視野，所以不要埋怨或抱怨。

讓我們記住，痛苦是活著的標誌、困難是堅強的標誌、祈禱是我們不孤單的標誌！如果我們能夠承認這些真理，調整我們的心智，我們的生活將更有意義、更不一樣、更有價值！

不久前，撰寫《人類大歷史》（*Sapiens: A Brief History of Humankind*）的以色列歷史學者哈拉瑞博士（Dr. Yuval Noah Harari）在美國《時代雜誌》撰文說：「人類真正的問題，從這次武漢肺炎事件帶來全世界的大災難就可看出，就是自私。特別是這三年來，在川普總統領導下，只想要創造美國的偉大，卻忘記越偉大的人，就越要伸手去幫助貧困的人（以及國家）。」

將哈拉瑞博士的這番話對照教宗方濟各所說的話，就會知道真正的偉大，是讓人感覺到永遠被需要，而不是自私、滿足己欲。就像教宗在他的信息中所說的，河川的水、林中的樹木、陽光、涼風，就算是草叢中的一朵小鮮花，甚至是掉落在地上的枯葉，都會讓懷有省思之心的人想到生命的意義。因此，生命最重要的並不是自己偉大，而是在活著的日子裡，伸出救助的手，在困苦之人的生命中留下永難磨滅的美好印記。

這使我想起前蘇聯作家杜斯妥也夫斯基的親身經歷。有一天，在一個風雪交加的夜晚，杜斯妥也夫斯基去歌劇院欣賞戲劇。結束出來時，看到劇院門口站著一個衣衫襤褸的乞丐在乞討，但從劇院出來的人好像都沒看見他，一個個從他身前走過，沒有片刻停留。

杜斯妥也夫斯基看著在寒風中發抖的乞丐，想要掏點錢給他，他把手伸進褲袋，卻發覺裡面是空的，他今天竟然忘了帶錢！他看見乞丐臉上露出渴望的表情，內心感到相當羞愧，於是他伸出空空的雙手緊緊握住乞丐的手，用充滿歉意的誠摯語氣跟他說：「兄弟，非常對不起，我竟然忘記身上沒有帶錢。請你原諒我。」

沒有想到，這個乞丐竟然微笑著對他說：「我親愛的兄弟，你今天給我的，遠遠超過我當乞丐以來所得到的。因為自從我當乞丐那天開始，我的兄弟離開了我，從此再也沒有人叫我『兄弟』，也從來沒有任何人緊握著我的雙手，你是唯一給我這樣溫暖的兄弟，我要謝謝你。」

他看見這個乞丐臉上帶著滿足的表情，緊緊地握住他的手許久。這時他才感覺到，原來只要伸出自己的手，就可以讓社會中那些卑微的生命充滿溫暖的生機。他說，從那次經歷之後，每當看見乞丐，即使給的只是一點小錢，他也會很誠心地緊緊握住他們的手，再將錢放在他們手中。

生命只要有愛

「我口渴。」這是耶穌被釘在十架上沒多久，就因為相當痛苦而喊出的一句話。這種痛苦和身體的劇烈疼痛有關，但更多的是一種內心的痛苦表徵。他說的「口渴」，是在說生命的渴望，就像真正口渴已久的人渴望有水喝一樣。

若有機會去印度的加爾各達，參訪德蕾莎修女所創辦的「垂死之家」，會發現大門入口處有一座耶穌釘在十字架上的雕像，在雕像的腳下寫著「I Thirst」，意思就是「我口渴」。

德蕾莎修女用耶穌這句話來表達她設立「垂死之家」的目的，就是希望大家瞭解，所有這些正在垂死邊緣掙扎的人，他們所求的不多，只希望獲得人們給予一絲絲的愛，讓他們在生命尾聲能感受到些微的溫暖，在離開這個世界時可以保有一點尊嚴——乾淨的身體，就像每個生命剛離開母胎、出生到世界上時，被擁抱、擦拭乾淨之後，用乾淨的毛巾包裹著身軀一樣。

三十幾年前，我到台東大武鄉去訪問「救星教養院」的瑞士修女們（現在已遷移到台東市郊的康樂新院區）。她們跟我說，會辦這所教養院專門收容腦性麻痺的孩童，就是因為有一天清晨，天尚未亮，她們做完例行的晨禱後，突然聽到教堂門外有嬰兒哭泣的聲音，她們感覺不對勁，趕緊開門出來看，就看到門口角落處放着一個袋子，裡面有個出生才幾個月的小嬰兒，用浴巾包裹着，身上放着一個紅包，上面寫着：「善心人士，請你們幫幫忙，替我照顧這個孩子。謝謝。」

修女的第一個反應是：「可憐的孩子，被媽媽丟棄了。」就這樣，往後她們又陸續「撿到」好幾個這樣的棄嬰。

這些修女抱著其中一個嬰兒給我看，說：「盧牧師，你看，這些孩子多麼可愛啊，只要我們愛他們，他們就像天使一樣。」確實不錯，生命只要有愛，每個人看起來都會像天使一般地可愛。

孩子們的美好回憶

其實，要做美好的事，並不一定要有高學歷，而是要有一顆「願意」的心。我想起一九九九年在台東知本創辦「建和書屋」的陳俊朗先生（我都稱呼他「阿朗」），他雖然只有高中畢業（他三次考上私立大學，但因為學費太貴而沒去念，要考公立大學又沒成，便去經商），卻幫助了許多家庭失能的孩子，在孩子心目中留下了最美好的回憶。

這一切的開頭，是阿朗經商幾年後，決定帶妻兒回台東知本的老家，一邊準備考書記官，一邊陪孩子讀書，也陪伴年老的父母。有一天上午，他送孩子上學回來，在家門口看到一個面露飢色的孩子經過，他主動上前關心，這孩子說肚子餓，沒有吃飯。他驚訝地再問，才知道這孩子三年來沒吃過一頓正常的飯，因為他的父母從不關心他有沒有吃飯、上學。

於是，阿朗去超商買了兩碗泡麵給這孩子吃。這孩子非常高興，因為他已經兩天沒有吃飯了，很快吃完一碗泡麵後，馬上說還要，就這樣一連吃了兩碗。但沒有想到，當這孩子興奮地吞下最後一口麵時，竟然一下子又把剛吃下去的麵全部吐了出來，原來是他從來沒吃這麼飽過，吃得太多、太撐了！

這孩子雖然吐了，卻還是一臉滿足的模樣。阿朗幫他清理乾淨後，問他：「要不要去上學？」孩子說「好」，阿朗便帶著這孩子去學校上課。老師看見了，還以為阿朗就是這學生的父親，直接就問阿朗說：「為什麼你的孩子好幾天沒有來上課，又不請假？」

阿朗笑著說「對不起」，沒多說什麼。他要離開教室之前，在這孩子耳邊輕聲道：「放學回家後，若是到晚上爸媽回來還沒有煮飯給你吃，就來我家吃飯。」後來老師問了這孩子，才知道阿朗不是他的父親。

從那次之後，這孩子幾乎每天放學後都到阿朗家吃晚餐。在阿朗的看法裡，多一個小孩子吃飯，並沒有差異。吃過晚餐後，阿朗讀書準備考試，他的兩個小孩就和這孩子在三合院的中庭寫功課，阿朗也會照看他們寫的內容。有時，阿朗會帶著三個孩子一起做運動。在阿朗的注意下，這孩子的功課日日進步，連班級導師都驚訝不已。

阿朗除了陪三個小孩做功課，也聊心情、說故事、彈吉他。鄰近的孩子們聽到院子裡的吉他聲，紛紛跑來圍觀，還央求阿朗教他們彈奏。於是阿朗從陪伴自己的兩個兒子和這個吃麵的小孩開始，逐漸變成陪伴一群如同自己孩子的學生；從原先孩子三三兩兩地來，後來是一大群孩子湧進阿朗家的庭院。

很特別的是，聽到吃麵的那個孩子現在有晚餐可吃，家裡有類似情況的幾位同學便問他說：「我們可不可以跟你去阿朗的家？」這孩子回去怯怯地問了，沒想到阿朗毫不猶豫地說：「可以啊，只要家裡沒有飯吃的都可以來，但一定要帶書包來喔。」就這樣，越來越多的孩子來到阿朗的家。他說最多的時候，有五十八個小孩每天晚上在他家庭院寫作業（這是阿朗最基本的要求）。

阿朗從這裡發現，自己所居住的「建和社區」共有五百多戶，由於產業不發達，青壯年人口都外流出去了，社區裡近七成的孩子成長於單親、隔代教養、中低收入、新移民與原住民等背景的弱勢家庭中。許多小孩子下課後不是回家吃晚飯、寫功課，而是在外面「尬」腳踏車、流連網咖或打架。

因為父母常不在家，年老的祖父母也無力管教，導致很多孩子連正常的一頓飯也沒得吃。也有酒醉的父母常常家暴，有些孩子回家後還要幫忙跑腿買酒；甚至父親就在他們寫功課的客廳一旁看A片，或是看不順眼就出手打人。到了學校之後，老師又說他們是不寫功課的「壞學生」。

阿朗說：「這種情況下孩子怎麼學習？老師把他們當作『壞學生』看待，但這不是他們願意的，而是家庭和學校老師逼出來的！」阿朗對這些孩子生出憐憫的心，他深知，若是沒有趁著這些孩子長大之前，先將他們導正過來，以後要叫他們回頭便很難了。因此他下定決心，要讓這些家庭失能的孩子到他身邊，他要陪著他們成長，也讓自己的孩子看見自己所做的這件美事。

永遠的渴望

越來越多的孩子來到阿朗的書屋，漸漸地，阿朗所有的積蓄都花光了。所幸，書屋的消息引起了愛心人士的關注，捐款開始湧入。阿朗也請求親朋好友的孩子，利用假期到他的書屋來陪伴這群小孩，看他們要讀書、唱歌、運動、下棋都可以，只要能夠陪伴這群孩子就好。

為了讓更多孩子有個「家」，阿朗在二〇〇七年向台東縣政府申請成立「台東縣教育發展協會」，原本「建和書屋」改成「孩子的書屋」，規模也漸漸擴展，如今知本的八個里，每個里都有「孩子的書屋」，阿朗說：「讓每一個受到委屈、沒有飯吃、沒有地方睡，或是被欺負的孩子，都可以來書屋這裡，他們不會的功課我來教！」

這群孩子都叫阿朗「陳爸」，因為他們認為阿朗就像他們真正的爸爸一樣。到現在，已經有超過二千個孩子在「孩子的書屋」長大，有的已經建立家庭，有的開始工作。生長在這樣惡劣的環境中，他們卻學會了拒絕毒品，不喝酒、不吸菸，也不嚼檳榔。阿朗伸出的那雙手，讓他們的生命開出了美麗的花朵。

每個生命都渴望被愛。不論我們現在幾歲，都一樣渴望著愛。即使我們已經坐擁大量財富、身邊有眾人圍繞、擁有了自己想要的一切，我們對愛的渴求還是不會有任何改變；到了人生下半場，特別是步入晚年之後，這份渴望不但不會消滅，還會愈發強烈起來。

然而，愛並不是口頭上說說就可以，需要我們採取行動、主動將我們的關愛給予需要的人。我們給出去的愛越多，得到的也越多，因為愛與喜樂是互相流動的。

生命的最終，都歸於愛。有愛的地方，就會遇到上帝，因為上帝就是愛（參考約翰一書 4:16）。愛，是動詞，是實際的動作。愛，也是一種了解，知道他人生命的苦難，給予安慰、鼓舞。就像教宗所說的：「當你快樂時，生活是幸福的；但他人的快樂若是因你而得到，你將更幸福。」

問題討論

1. 教宗方濟各所說的那段話，帶給你什麼樣的啟發？當你看到河水、樹木、陽光、涼風、鮮花，甚至枯葉時，你想到了什麼生命的意義？
2. 杜斯妥也夫斯基的親身經歷，帶給你什麼鼓勵？你曾經將這樣的溫暖帶給一個陌生人嗎？

3. 文中提到，耶穌說「口渴」是在說生命的渴望，你認為這是一種怎麼樣的渴望？你曾經有過這樣的渴望嗎？

4. 在看完德蕾莎修女、救星教養院的修女，以及阿朗的故事後，你的感想是什麼？你想要加入他們的行列嗎？請說說你的想法。

5. 聖經中有許多經文都談到了愛，你最喜歡的是哪段經文？為什麼？請和大家分享自己喜歡的段落，並彼此交流。

國家圖書館出版品預行編目資料

預約50⁺好日子：25堂心靈必修課，找回五十後的自在 / 盧俊義著. -- 初版. -- 臺北市 : 啟示出版 : 家庭傳媒城邦分公司, 2020.07
面； 公分. -- (智慧書系列 ; 17)

ISBN 978-986-99286-0-1 (平裝)

1.退休 2.生涯規劃 3.生活指導 4.基督徒

544.83 109009525

智慧書系列017

預約50⁺好日子：25堂心靈必修課，找回五十後的自在

作　　者／盧俊義
企畫選書人／彭之琬、李詠璇
總 編 輯／彭之琬
責任編輯／李詠璇

版　　權／黃淑敏、邱珮芸
行銷業務／周佑潔、林秀津、王瑜、華華、賴晏汝
總 經 理／彭之琬
事業群總經理／黃淑貞
發 行 人／何飛鵬
法律顧問／元禾法律事務所王子文律師
出　　版／啟示出版
臺北市104民生東路二段141號9樓
電話：(02) 25007008　傳真：(02)25007759
E-mail:bwp.service@cite.com.tw
發　　行／英屬蓋曼群島商家庭傳媒股份有限公司城邦分公司
台北市中山區民生東路二段141號2樓
書虫客服服務專線：02-25007718；25007719
服務時間：週一至週五上午09:30-12:00；下午13:30-17:00
24小時傳真專線：02-25001990；25001991
劃撥帳號：19863813；戶名：書虫股份有限公司
讀者服務信箱：service@readingclub.com.tw
城邦讀書花園：www.cite.com.tw
香港發行所／城邦（香港）出版集團
香港灣仔駱克道193號東超商業中心1F　E-mail: hkcite@biznetvigator.com
電話：(852) 25086231　傳真：(852) 25789337
馬新發行所／城邦（馬新）出版集團【Cite (M) Sdn Bhd】
41, Jalan Radin Anum, Bandar Baru Sri Petaling, 57000 Kuala Lumpur, Malaysia.
電話：(603) 90578822　傳真：(603) 90576622
Email: cite@cite.com.my

封面設計／李東記
排　　版／極翔企業有限公司
印　　刷／韋懋實業有限公司

■2020年7月30日初版
■2023年5月4日初版4.5刷
Printed in Taiwan

定價360元

城邦讀書花園
www.cite.com.tw

 ISBN 978-986-99286-0-1